Romancières saoudiennes

DU MÊME AUTEUR

1. La littérature

1988, *Sens/jouissance. Tourisme, érotisme et argent dans deux fictions coloniales d'André Gide*, Éd. Démeter/La Nef.

2002, *Figures de l'altérité dans le théâtre de Jean Genet*, Éd. L'Harmattan, Paris.

2003, *De l'extranéité à l'altérité. Figures de l'écriture dans l'œuvre de Jean Genet*, Éd. Academia-Bruylant, Louvain-La-Neuve, Bruxelles.

2004, *Théâtre de Jean Genet : Matadors, monstres et illusionnistes*, Éd. L'Harmattan, Paris.

2005, *Jean Genet : Arabes, Noirs et Palestiniens dans son œuvre*, Éd. L'Harmattan, Coll. « Espaces littéraires », Paris.

2. Arts audiovisuels

1985, *Journalisme, cinéphilie et télévision en Tunisie*, Éd. Naâman, Québec, Canada.

1994, *Résistances et Utopies. Essai sur le cinéma arabe et africain*, Éd. Sahar, Tunis.

1994, *L'œil désirant. Essais sur la télévision tunisienne*, Éd. Sahar, Tunis.

1996, *Les Arabes et la modernité cinématographique*, Sud éditions, Tunis.

2002, *Le Parcours et la Trace. Témoignages et documents sur le cinéma tunisien*, Éd. Médiacom, Tunis.

2006, *Abécédaire du Cinéma Tunisien, accompagné d'un DVD*, édité à compte d'auteur.

2013, *Le cinéma documentaire tunisien et mondial*, Éd. Perspectives, Tunis.

2016, *50 ans de Cinéma Tunisien*, ouvrage collectif bilingue (dir.)

3. Traductions

2005, Adaptation à l'arabe du recueil de poèmes de Catherine Stoll-Simon, *La Saveur de la lumière*, Éd. Maison de la poésie, Tunis.

2005, *Chaher Kadra. Poèmes choisis Présentation et traduction*, Éd. L'Harmattan, Paris.

2007, Adaptation à l'arabe du livre d'Albert Memmi *Portrait du colonisé*, Éd. Maison Arabe du Livre, Tunis.

2008, Parution à Tunis de la version arabe de l'*Abécédaire du Cinéma Tunisien,* en collaboration avec le Centre National de Traduction,.

2009, Parution de la traduction française du roman d'Abdeljabbar El Euch *Le Procès d'un chien.*

2014, Traduction de *Le roman féminin saoudien Discours de la femme et configuration du récit*, de Sami Jeraïdi, publication de l'Université du Roi Saoud, Riyad.

2015, *La beauté et la violence*, essai de Fatma Louhibi, Riyad.

4. Témoignage

2004, *La Blessure du Chien errant. Carnets d'Irak (1991 et 2003)*, Éd. Academia-Bruylant, Louvain-La-Neuve, Bruxelles.

Hédi KHÉLIL

Romancières saoudiennes

Problématiques et enjeux

Ouvrage publié avec le concours du ministère de l'Éducation du Royaume d'Arabie saoudite (représenté par le Bureau culturel à Paris) et la fondation MISK

5-7, rue de l'École-Polytechnique, 75005 Paris
http://www.editions-harmattan.fr
ISBN : 978-2-343-14259-3
EAN : 9782343142593

« Je me répands dans mes mots et m'y perds/ je m'infiltre à travers eux nuit après nuit durant mille ans d'écriture/ Et je me transforme en des milliers de pages/ et si un jour je te manque et tu viens pour me réveiller/ tu ne me trouveras pas/ Tu trouveras sur mon oreiller mes lunettes et un amas de frustrations/ Et un mégot… et beaucoup de cendre. »

* * *

« Lorsque l'expression **"Je t'aime"** *s'évade dans les rues/ Les gens la pourchassent et la lapident/ Puis, la conduisent à une clinique psychiatrique/ Il m'est impossible de dire : je t'aime/ Le mot que je t'apporte entre mes lèvres est pur et diaphane/ Comme un papillon incandescent. »*

* * *

« Ma vie tout entière a été, d'une certaine manière, une guerre. C'est la première guerre, même si l'outil est différent. J'ai été constamment confrontée au bombardement et au terrorisme de la société. Entre celle-ci et moi, il y a eu toujours de nouveaux rounds. Les balles dans la guerre sont douloureuses tout comme celles tirées hors de la guerre. »

Ghada As-Sammane

ABRÉVIATIONS

Les romans féminins saoudiens qui constituent le corpus de ce livre, sont désignés selon les abréviations suivantes :

1. Raja'a Alem
— *Khâtem* : ***KH***

2. Noura Al-Ghamdi
— *La direction de la boussole* : ***DB***

3. Leïla Aj-Jhanni
— *Le paradis désolé* : ***PD***

4. Raja'a Sanâ
— *Les filles de Riyad* : ***FR***

INTRODUCTION

Enseignant de français et de traduction à la Faculté des Langues et de Traduction de l'Université du Roi Saoud à Riyad en Arabie Saoudite, il ne m'a pas fallu beaucoup de temps pour trouver mon aiguillon : la littérature féminine saoudienne. Admirateur d'écrivaines comme Marguerite Duras et Isabelle Eberhardt, romancières, chacune à sa manière, des méandres de l'errance et des affres de la quête amoureuse, l'une en Indochine *(L'amant)* et l'autre dans le désert d'Algérie, à l'ombre de l'Islam *(Écrits intimes)*, j'ai souvent pensé que les femmes avaient une approche singulière du rapport à soi et au monde, un radar intime plus alerte et plus affûté, sans doute, que celui des hommes, voyant même dans les excès de langage de quelques-unes d'entre elles, un trait de délicatesse et de pudeur. À condition, évidemment, que le talent et l'inspiration littéraires sachent se préserver.

C'est à la lecture de *Tawk Al-Hamam (Le collier des colombes)*, roman de Raja'a Alem, publié en 2008, que j'ai commencé à m'intéresser à la littérature féminine saoudienne. Ce qui m'a frappé, d'emblée, dans ce roman, c'était la modernité de l'écriture, palpitante de trouvailles de composition, encline à des détours et à des raccourcis déroutants, faisant corps avec un univers fait de contes et de mythes, ne se dévoilant qu'en se cachant, comme si l'œuvre entière ne faisait qu'égrener un chapelet d'énigmes. J'ai retrouvé, dans une certaine mesure, cette passion du récit et cette soif d'expression dans le deuxième roman que j'ai lu : *Abnâ wâ Dimâ (Des fils et du sang)* de Lamia Bent Majed Al-Saoud, publié en 2010. Puis, en prenant connaissance de romans plus anciens comme *Bariqou Aïnaïk (L'éclat de tes yeux)* de Samira Khashoggi, *Al-baraâ Al-mafkouda (L'innocence perdue)* de Hind Baghfar, *Al-Lânâ (La malédiction)* de Salwa Damanhouri, parus respectivement en 1963, 1972 et 1994, il m'a semblé que j'évoluais dans un territoire que je connaissais depuis longtemps. Ensuite, il y a eu l'onde de choc provoquée par la lecture en 2011 du roman *Les filles de Riyad (Banât Ar-Riyad)*, publié à Beyrouth en 2005, réédité pour la huitième fois et traduit en français en 2012 en France, de la jeune écrivaine Raja'a As-Sanâ, âgée, alors, de vingt-cinq ans.

L'amour que j'ai pour les femmes, ma foi en leurs inépuisables énergies, en leurs indéniables ressources de création et de don, je crois que je les tiens de ma mère à laquelle je dois tout. A chacune de leurs consécrations, j'ai comme l'impression que c'est aussi la sienne. Lorsque Raja'a Alem, l'auteure du captivant *Khâtem*, roman traduit en français en 2011, a obtenu la même année le *« Prix Mondial du Roman Arabe »* pour *Le collier des colombes*, ma réaction instantanée a été : *« C'est amplement mérité ! »* Quand également Mona Khaznadar a été nommée en 2011 directrice générale de l'Institut du Monde Arabe à Paris, ma joie fut immense, comme si c'était une femme de mon propre pays, la Tunisie, qui venait d'accéder au podium des hautes responsabilités. Une autre femme saoudienne s'est s'illustrée à l'échelle internationale, la cinéaste Haïfa Al-Mansour, après l'accueil très favorable réservé par la critique et le public, à l'occasion des Festivals de Berlin et surtout de Venise en 2012, à son premier long-métrage de fiction, *Wadjda*, tourné entièrement dans la banlieue de Riyad. Dans cette œuvre, la réalisatrice qui s'était déjà distinguée par son documentaire *Femmes sans ombre*, sur la vie cachée des femmes dans la région du Golfe, traite de la détermination d'une adolescente (Wadjda) d'acheter une bicyclette et de la conduire, pratique interdite au sexe féminin en Arabie Saoudite.

Les émotions que m'ont procurées ces distinctions de femmes saoudiennes qui vivent ici et ailleurs, un regard braqué sur les inhibitions et les problèmes de leur propre société et un autre tourné vers le monde extérieur et les grands drames de cette ère mouvementée, j'ai essayé, tant bien que mal, de les communiquer à mes étudiants à l'Université du Roi Saoud et d'en faire des leçons.

LES MOTIVATIONS

Le premier facteur qui nous a poussé à écrire sur le roman féminin saoudien est, sans conteste, l'effervescence quantitative que connaît ce roman, sa constance, les polémiques qu'il suscite, ici et ailleurs, devenant ainsi un vrai phénomène de société. Que ce soit dans les cercles littéraires et académiques du Royaume ou dans les foires du livre à l'étranger, la réception du roman féminin saoudien donne lieu assez souvent à des débats voire à des confrontations entre partisans et adversaires. Les prises de position aussi bien de ceux qui le défendent et le soutiennent, parfois avec une teinte de « paternalisme », que de ceux qui le stigmatisent et le considèrent comme une *« mode dans l'air du temps »* qui finira par s'effilocher nous semblent verser dans des considérations idéologiques et occulter ce qui est essentiel : les textes romanesques eux-mêmes. Dire que le roman féminin saoudien est *« excessivement pleurnichard »* et qu'il se complaît trop dans la *« victimisation »* de la femme et la *« diabolisation »* de l'homme ou affirmer qu'il constitue un acte de *« militantisme »* et une *« offensive déclarée »* contre une société fermée, c'est, en définitive, du pareil au même.

Le roman féminin saoudien est, dans l'ensemble, sous-analysé. Il existe d'importantes études sur le roman féminin dans les pays du Golfe et dans le monde arabe, d'une manière générale, telles que *La Chambre de Virginia Wolf. Étude sur l'écriture des femmes*[1] de Ridha Adh-Dhaher, *L'amour, le corps et la*

[1] Ridha Adh-Dhaher. *La chambre de Vinrginia Wolf. Étude sur l'écriture des femmes*, Éd. Dar Al Madar, Damas, 2001.

liberté dans le texte romanesque féminin[2] de Rafia'â At-Tâlai'i, sans oublier des ouvrages plus anciens comme *Cent ans de roman féminin arabe*[3] de Boutheina Chaâbane ou *L'écriture de la femme : du monologue au dialogue* de Hamid Lahmidani[4]. Ces recherches traitent, dans leur ensemble, de l'analyse du discours romanesque féminin, de ses modalités d'énonciation, avec pour principal souci le repérage des aspects modernistes qui le caractérisent et des survivances traditionalistes qu'il charrie encore. Mais dans ces écrits, la part consacrée au roman féminin saoudien reste très réduite.

LES CENTRES D'INTÉRÊT ET LE CHOIX DU CORPUS ROMANESQUE

Dans toute recherche, il y a des évidences qui suscitent des interrogations et qui nécessitent des éclaircissements. La première évidence : pourquoi le choix du roman et non d'un autre genre littéraire ? La poésie, par exemple, a une présence qui n'est pas négligeable en Arabie Saoudite. C'est un genre très ancien, considéré comme un domaine exclusif de l'homme, avec l'illusion de virilité qui l'entoure. Le roman est lié, en revanche, aux temps modernes qui ont été marqués par le rétrécissement de l'hégémonie patriarcale et l'émergence d'une conscience féminine qui reflète le rôle de plus en plus accru de la femme dans tous les secteurs de la vie. La critique littéraire Marthe Robert dit :

> *« Le roman est l'histoire de la femme ; les temps anciens n'ont pas créé le roman parce que la femme y était asservie. »*[5]

---

[2] Rafia'â At-Tâlai'i. *L'amour, le corps et la liberté dans le texte romanesque féminin*, éd. Al-Intichar Al-Arabi, Beyrouth, 2005.

[3] Boutheina Chaâbane. *Cent ans de roman féminin arabe*, éd. Dar Al-Adâb, Beyrouth, 1999.

[4] Hamid Lahmidani. *L'écriture de la femme : du monologue au dialogue*, éd. Maison Mondiale du Livre, Casablanca, 1993.

[5] Marthe Robert, *Roman des origines et origines du roman*, éd. Grasset, Paris 1988, p. 52.

Défiant l'autorité phallocratique et rétrograde d'un certain état d'esprit, plusieurs romancières saoudiennes ont fait face aux obstacles de toutes sortes, sans être sûres de l'issue du combat. C'est le roman féminin, avec ses défauts et ses qualités, qui est la principale dynamo de cette riposte.

La deuxième évidence : il m'a paru, d'emblée, à la lecture d'un bon nombre de romans saoudiens, que la thématique centrale dans ces romans a trait à la question de l'espace et de son corrélat incontournable : le temps. Le malaise existentiel des personnages, notamment féminins, leurs dilemmes intérieurs, leur errance dans un monde qui n'a plus de repères clairs, sont dus à des problèmes d'espace et, inévitablement, de temps. Contrairement à l'homme qui, lui, voyage, est volage, la femme est sédentaire, terrienne, étant le symbole de la fertilité, de la régénération d'un monde dont elle est le pivot. Elle est, sans doute, l'être le plus apte à exprimer cette inadéquation dramatique avec l'espace.

Au sujet de la femme et de la féminité, Ibn Arabi, le philosophe mystique, dit : *« Tout espace qui n'est pas susceptible d'être féminisé n'est d'aucune utilité. »*[6] À ses yeux, la femme, en tant que corps et âme, habite le monde, y est mieux enracinée que l'homme.

Tout provient de l'espace et tout y revient. Dans ce livre, les quatre romans analysés, à savoir *Le paradis désolé* (*Al-Firdaws Al yabab*) de Leila Aj-Jhanni, *Khâtem* de Raja'a Alem, *La direction de la boussole* (*Wijhat Al-Bawsala*) de Noura Al-Ghamdi et enfin *Les filles de Riyad* (*Banat Ar-Riyad*) de Raja'a As-Sanâ, parus respectivement en 1992, 2001, 2002 et 2005, sont éminemment déterminés par cette problématique des lieux et de leurs incidences sur la psychologie des personnages. Tous les romans féminins saoudiens sont, toutes périodes confondues, des romans de l'espace et ce qui les distingue les uns des autres, ce sont finalement les approches et les styles

---

[6] Ibn Arabi cité dans le livre de Fatma Al-Ouhibi *L'espace, le corps et le poème La confrontation et les manifestations du sujet.* Éd. Centre Culturel Arabe, Casablanca/Beyrouth 2005, p. 20.

dans l'agencement narratif de cette composante spatiale. Dans les romans féminins saoudiens, y compris ceux qui empruntent les voies du mythe ou du rêve, la crise liée à l'espace retient l'attention, dès la première amorce du récit.

LA MÉTHODE ET LES OBJECTIFS

Dans les analyses textuelles effectuées, cet essai conjugue deux disciplines : la stylistique et la philosophie. Il s'agit, en premier lieu de relever les images, les métaphores et les figures selon lesquelles s'ordonne le roman féminin saoudien qui est par excellence le roman du *« Courant de la Conscience »*, ou ce qui a été appelé en Occident, et notamment en France, *Nouveau Roman*. Dans ce genre de récit, dominant sous nos cieux, où prévalent les procédés de l'intériorisation et de la réminiscence, la figurativité y est une composante essentielle. Quant à la philosophie, elle nous semble incontournable dans l'analyse du texte littéraire. La littérature, ce n'est pas uniquement un ensemble d'histoires et de fictions, mais aussi un regard sur l'essence des êtres et des choses, un discours narratif qui pourrait comporter une vision du monde. Ce recours à la philosophie et à l'histoire des idées est lui-même stimulé par quelques romans féminins saoudiens dont les univers sont d'inspiration philosophique, tel *La direction de la Boussole* de Noura Al-Ghamdi, publié en 2002, sans oublier les romans de Raja'a Alem qui constituent une initiation philosophique à un nouveau sens de l'existence et de la vie.

Mais indépendamment des bienfaits de la stylistique et de la philosophie, notre principal guide, ce sont les romans eux-mêmes. Quantitativement, la littérature féminine saoudienne se porte bien et on ne peut que s'en réjouir. Mais il ne faut pas se leurrer. Dans une société où cette littérature romanesque est encore perçue avec beaucoup de réserve sinon de suspicion, chaque roman est un accouchement douloureux, un défi lancé aux interdictions de toutes sortes, notamment sociales et morales.

Premier chapitre

Émergence et développement du roman féminin saoudien

Historiquement, le roman saoudien a vu tardivement le jour par rapport aux autres pays arabes tels la Syrie, l'Irak ou l'Egypte. Toutefois, en un bref laps de temps, il a pu combler ce retard et même le dépasser au point d'arriver à rivaliser avec les œuvres romanesques de ces pays, à capter l'intérêt des lecteurs et des critiques et à attirer l'attention des éditeurs qui se concurrençaient pour publier les romans saoudiens.

Il y a trois phases historiques qui caractérisent le roman féminin saoudien, depuis sa naissance en 1959 jusqu'à nos jours. Les premiers pas de ce nouveau-né sont marqués par des piétinements prévisibles et compréhensibles. Puis, le roman féminin saoudien a mûri et s'est imposé comme une expression majeure dans le paysage littéraire saoudien.

I. Les principales étapes

Les hommes de culture arabes connaissent bien Ghazi Al-Kosaibi, Turki Al-Hamad et Abdou Khal dont les romans sont très en vue dans les librairies et les foires du livre. Mais ils se rappellent avoir lu auparavant les romans de Samira Khashoggi[1] (Bint Al-Jazira) et récemment ceux de Raja'a Alem

---

[1] Samira Khashoggi, née à la Mecque en 1939 et décédée en 1986, est la première voix féminine de la littérature narrative d'Arabie Saoudite. Elle est

qui est un phénomène romanesque unique dans son genre. Le roman féminin saoudien a connu plusieurs étapes qu'on peut historiquement classer en trois phases :

1. La première semence (1959-1979)

C'est l'étape de la fondation. Les écrivaines qui appartiennent à cette période ont le mérite d'avoir été les pionnières de l'écriture féminine romanesque saoudienne. Parmi ces romancières, Samira Khashoggi fut la plus prolifique. Elle a écrit entre autres : *J'ai fait le deuil de mes espoirs* (1959), *Souvenirs larmoyants* (1961), *L'éclat de tes yeux* (1965), *Et les jours s'égrènent* (1971), *Funérailles des roses* (1973) et *Gouttes de larmes* (1973). On peut citer également Hind Baghfar avec *L'innocence perdue* (1977) et Aicha Zaher Ahmed et son roman *Un sourire des lacs des larmes* (1979).

À propos de cette première étape, des remarques s'imposent :

1- Le roman de Samira Khashoggi, *J'ai fait le deuil de mes espoirs*, peut être considéré comme étant le premier roman féminin saoudien, voire le premier roman saoudien tout court, dans la mesure où rien ne prouve, d'un point de vue artistique, l'existence d'un roman rédigé par un homme qui soit antérieur à cette date. *Le prix du sacrifice* de Hamed Damanhouri, texte que les critiques considèrent comme étant *« le premier roman*

titulaire d'une maîtrise en économie de l'Université d'Alexandrie en Égypte. Ses écrits (romans, recueils de nouvelles, essais, art épistolaire), de 1959 à 1980, traitent de sujets relatifs à la condition de la femme, puisés dans les sociétés saoudienne, égyptienne et libanaise. C'est à Beyrouth qu'elle lance en 1974 un magazine féminin : *« Ach-Charkiâ »* (*L'Orientale*). Samira Khashoggi est la fille de Mohamed Khashoggi, premier chirurgien saoudien dans le Royaume. Elle se lie à Mohamed Al-Fayed, milliardaire égyptien, qu'elle quitte en 1985, une année avant sa mort à l'âge de 47 ans. De lui, elle a un fils, Imed (Doodi) qui trouve la mort, en compagnie de la princesse Diana d'Angleterre, lors d'un accident de voiture à Paris en 1997.

saoudien d'un point de vue esthétique »[2], a vu le jour en 1959, c'est-à-dire la même année que le roman de S. Khashoggi.

2- D'après certains chercheurs historiens, si le but de la première génération des romanciers fut la *« Réforme »*, celui des romancières de cette même génération allait dans le même sens. Hommes et femmes partageaient la même aspiration. C'est le sentiment de l'importance de l'écriture vouée à une fonction et à une finalité communes qui pousse la femme à écrire. Le pseudonyme *« Bint Al- Jazira »*[3] donné à la romancière Samira Khashoggi, n'est que l'un des niveaux de l'affirmation de l'identité nationale même si, dans ses premiers romans, elle n'aborde pas le cadre géographique saoudien. Il paraît qu'il y a là une certaine appréhension qui empêche la femme de nommer le lieu ou même d'évoquer la société et l'espace saoudiens directement, à une époque où les romans et les textes portant sur le sujet de la *« Réforme »* étaient écrits et publiés. La romancière a dû donner comme cadre aux événements de ses romans un lieu hors des frontières saoudiennes, phénomène qu'on appelle *« un substitut de lieu »*. On trouve ce trait non seulement chez S. Khashoggi, mais aussi chez Hind Baghfar dans *L'innocence perdue*, roman dont l'action a lieu hors de la patrie d'origine, autour d'aventures policières et sentimentales. Il en est de même pour le roman de Houda Ar-Rachid intitulé *Demain, ça sera jeudi* dont les événements se produisent hors des frontières de l'Arabie Saoudite. Ce phénomène largement répandu parmi les romancières de cette première génération est la preuve que ces écrivaines ont du mal à s'exprimer d'une manière audacieuse et à nommer littéralement les lieux, les noms et les événements. Ces blocages liés à la nature de l'époque dans laquelle elles

---

2 Mansour Al-Hazmi, *L'art de la nouvelle dans la littérature saoudienne moderne*, éd. Dar Al-Ouloum, Riyad, 1981, p. 56.

3 *« Bint Al-Jazira »*, littéralement *« la fille de l'Ile »*, c'est-à-dire l'Arabie, vu que la péninsule arabique a toujours été considérée par les Arabes comme étant une île, entourée par la mer de trois côtés et délimitée au nord par le désert, ce qui l'a maintenue durant des siècles à l'écart des invasions et des flux migratoires.

vivaient ont commencé à disparaître nettement au cours de la deuxième période et finirent par être surmontés, avec éclat, au cours de la troisième.

2. La maîtrise artistique et l'amorce de l'expérimentation (1980-1999)

Cette génération tire profit de son ouverture sur les cultures et les écrits romanesques en provenance de l'extérieur d'autant plus qu'elle saisit, avec une conscience aiguë, la nature de l'art qu'elle pratique. Cette période connaît une effervescence d'idées et de problématiques. Ses débuts sont marqués par un conflit entre les modernistes et les traditionalistes ainsi que par la participation de critiques saoudiens spécialistes en narratologie. Cette étape se caractérise aussi par quelques traits dans l'écriture romanesque, avec en prime l'apparition de l'expérimentation. C'est ainsi que voit le jour Raja'a Alem avec son roman *Quatre à Zéro* publié en 1987 avant que ne se succèdent ses publications après une brève interruption. En 1995, elle publie *La route de la soie*[4], en 1997, *Voyage nocturne, ô veilleur !*[5] en collaboration avec sa sœur, la peintre Chédia Alem, et en 1998 *Sidi Wahdana*[6].

Dans son premier roman aussi bien que dans les suivants, Raja'a Alem sape les principaux fondements du roman classique, cassant l'intrigue, décentrant les événements, créant des personnages étranges et surréalistes, privilégiant une langue qui s'apparente à du délire et penchant pour des univers où se mêlent et s'interpénètrent les contes, le folklore et le patrimoine mystique. Cette démarche polyphonique faite de plusieurs voix narratives et combinant une multitude de paliers énonciatifs est renforcée par la configuration visuelle peu habituelle que confère Alem à ses romans, dans sa manière de

---

[4] Raja'a Alem, *La route de la soie*. Centre Culturel arabe, Beyrouth, 1995.
[5] Raja'a Alem, *Voyage nocturne, ô veilleur !*. Centre Culturel arabe, Beyrouth, 1997.
[6] Raja'a Alem, *Sidi Wahdana*, éd. Centre Culturel arabe, Beyrouth, 1998.

les sectionner, de répartir leurs chapitres et dans la prédilection qu'elle a pour un texte où germinent et s'épanouissent les marges.

A cette génération appartiennent, entre autres, Amal Chatta avec *Demain j'oublie* (1980) et *Que ne vive pas mon cœur* ! (1988), Bahia Bousbit avec *Dorra d'Al-Ihs'â* (1987) et *Une femme au-dessus du cratère d'un volcan* (1996)[7] ainsi que la romancière Koumacha Al-Alayène qui se fait connaître par un grand nombre de récits au début des années 1990, avant d'entamer son expérience romanesque avec la publication en 1999 de *Scrutant le ciel des yeux*[8].

On peut citer aussi l'émergence de plusieurs autres romancières dont Safia Anbar et ses romans *Pardon, Adam !* (1987), *Le feu couve sous les cendres des années* (1988), *Le hasard nous a réunis et les traditions nous ont séparés*, *Je t'ai perdu le jour où je t'ai aimé* (1995) et *Mon amour pour toujours* (1999), Salwa Damanhouri et son roman *La malédiction*[9] (1994) et Leïla Aj-Jhanni et son roman *Le paradis désolé* [10] (1999).

Le recours à l'expérimentation dans l'écriture constitue un nouveau palier dans une étape plutôt précoce de l'histoire du roman saoudien qui ébranle les usages de la réception et brise les stéréotypes dominants dans l'écriture romanesque. Ce sont les œuvres de Raja'a Alem notamment qui ont probablement balisé le chemin dans lequel se sont engagés par la suite d'autres écrivains, hommes et femmes, qui ont contribué à cultiver le goût de la lecture et à forger les valeurs artistiques.

---

7 Bahia Bousbit, *Une femme au-dessus du cratère d'un volcan*, éd. Alem Al-Koutob, Riyad, 1996.

8 Koumacha Al-Alayène, *Scrutant le ciel des yeux*, éd. Rached Bors, Beyrouth, 2000.

9 Salwa Damanhouri, *La malédiction*. La Mecque, Imprimeries Assafa, 1994.

10 Leïla Aj-Jhanni. *Le paradis désolé*. Éd. Dar Al-Jamel, Allemagne, 1999.

3. L'étape des innovations majeures (de l'année 2000 jusqu'à nos jours)

Cette période est celle de la révolution romanesque de la femme saoudienne. Ce qui la caractérise, ce sont la liberté d'expression, la témérité dans les idées et les sujets, l'exploitation de quelques nouvelles technologies tels les E-mails, les SMS, les graffiti et des techniques allant de pair avec les chocs des civilisations techniques et scientifiques, comme l'illustre le roman *Les filles de Riyad*[11] (2005) de Raja'a As-Sanâ, entièrement construit sur les E-mails. Dans le roman *Autre… et autre*[12] (2005) de Hager Al-Mekki, l'auteure fait appel aux chansons des jeunes, aux vidéoclips, aux SMS, aux plaques minéralogiques et aux programmes des chaînes satellitaires *« Al-Jazeera »*, *« Al-Arabyia »*, et tant d'autres.

Cette période est marquée aussi par le recours aux symboles mythiques qui forment le noyau essentiel de l'écriture romanesque d'une écrivaine comme Maha Al-Faïçal dans ses deux romans *Touba et Salyé*[13] et *Safina et la princesse des ombres*[14], publiés tous les deux en 2003.

Durant cette période, quelques romans traitant du terrorisme, voient le jour. On peut en citer *Suicide sur commande*[15] (2004) d'Alâ Al-Hadhloul et *Hind et les soldats*[16] (2006) de Badria Al-Bichr. Quant à Noura Al-Ghamdi, elle bâtit son roman *La direction de la boussole*[17] (2002) sur le thème de la guerre menée contre l'Irak.

---

[11] Raja'a As-Sanâ, *Les filles de Riyad*, éd. éd. As-Saki, Beyrouth, 2005.

[12] Hager Al-Mekki, *Autre… et autre*, éd. Centre Culturel arabe, Beyrouth, 2005.

[13] Maha Al-Faïçal, *Touba et Salyé*, éd. Organisation arabe des Études, Beyrouth, 2003.

[14] Maha Al-Faïçal, *Safina et la princesse des ombres*, éd. Organisation arabe des Études, Beyrouth, 2003.

[15] Alâ Al-Hadhloul, *Suicide sur commande*, éd. As-Saki, Beyrouth, 2004.

[16] Badria Al-Bichr, *Hind et les soldats*, éd. Dar Al-Adâb, Beyrouth, 2006.

[17] Noura Al-Ghamdi, *La direction de la boussole*, éd. Organisation arabe des Études, Beyrouth, 2002.

De ces trois étapes, plusieurs enseignements sont à retenir. Citons-en les plus importants :

— Quelques écrivaines saoudiennes renoncent à la nouvelle pour se consacrer à l'art romanesque, telle Noura Al-Ghamdi qui écrit en 1995 un recueil de nouvelles, *Pardon, je rêve encore*, et en 1996 un autre intitulé *Tahwâ*, avant de publier en 2002 son premier roman *La direction de la boussole*. Il en est de même pour Oumaima Al-Khamis qui publie plusieurs recueils de nouvelles comme *Et la côte quand elle devint droite*, *Le Conseil des Hommes*, *Où va cette lumière ?* et *La Thériaque*, avant de donner naissance, en 2006, à son premier roman *Les Marines*.

— L'année 2006 est celle du saut quantitatif de la production romanesque de la femme saoudienne en comparaison non seulement de la totalité des œuvres publiées au cours des années précédentes, mais aussi de celles des hommes eux-mêmes pendant l'année en question. En effet, les statistiques montrent qu'en 2006 quarante-deux romans voient le jour, dont la part de la femme est de vingt, c'est-à-dire la moitié, ce qui ne s'est jamais produit dans le passé. Ce qui distingue aussi la plupart des romans parus durant cette période, c'est l'extrême liberté avec laquelle on y parle de sexe, ce qui est une manière pour la femme d'affirmer son existence, de se révolter et de s'émanciper.

— Le discours de la romancière saoudienne se manifeste dans la détection du non-dit, du marginal, de l'interdit et du péché ainsi que dans le portrait qu'elle fait de l'homme, détenteur d'un pouvoir central qu'il convient d'abattre grâce à une méthode dont seule la femme a le secret. Le concept de *« tabou »* représente une sorte d'exclusion de la femme saoudienne, engendrée par des traditions et des coutumes durant de longues accumulations grâce auxquelles l'homme devient l'autorité suprême dans l'exercice du pouvoir et dans la législation sociale. Signalons que le discours de la femme saoudienne, en tant que discours implicite, a ses crispations et ses élancées qui peuvent échapper à ceux qui sont au-delà des frontières géographiques évoquées. C'est ainsi, par exemple, que les concepts de *« tabou »* », de *« péché »* et d'*« interdit »* forment une triade infernale qu'on ne peut pas transgresser. En effet, les us et les coutumes imposent la notion de *« tabou »* », dans une société saoudienne qui est majoritairement tribale, la religion impose celle de *« péché »* et la loi celle d'*« interdit »*, toutes trois constituant les fondements que chacun est tenu de respecter et auxquels il doit se conformer. Faute de quoi, il est sanctionné, qu'il les transgresse en connaissance de cause, par négligence ou par esprit de révolte.

— Le jeu du masculin et du féminin, comme l'attestent les noms des personnages. *La route de la soie*, par exemple, nous décrit, à travers Hya, l'héroïne, dont le nom est dépourvu de la marque du féminin, un monde fait de talismans, de chiffres cabalistiques, d'astres et de signes de feu, emblèmes d'un don secret féminin derrière lequel se dissimule la femelle pour des raisons vitales qui ont leurs significations.

Ce point relatif au féminin allégorique — l'absence de la marque formelle du genre dans les noms des personnages féminins — est un trait commun à tous ces romans précédemment cités, il est chargé d'un discours mythique. L'interprétation narrative de l'absence de la marque formelle du féminin dans les romans de Raja'a Alem est stimulée par les noms des personnages. En effet, Hya, Jawaher, Khâtem, personnages principaux respectivement dans les romans *La route de la soie*, *Voyage nocturne ô veilleur !* et *Khâtem,* ne portent pas tous les trois le signe du féminin. Il en est de même pour les personnages de Hobba et de Mariem.

L'opposition de la femme à sa nature de femme dont le nom est le reflet et l'absence de la marque formelle du féminin, expriment un mouvement vers le mâle, en accord avec le prénom de la romancière « Raja'a »[18] qui s'applique aux deux sexes. C'est ainsi que se reproduisent les personnages féminins selon une logique poétique déliée de toute caractéristique grammaticale à un point tel que la gémellité est portée par le même personnage, comme c'est le cas de Khâtem, l'héroïne. Dans les deux romans de Maha Al-Faïçal, *Touba et Salyé* et *Safina et la princesse des ombres,* le titre unit également le masculin au féminin, délimitant ainsi un discours mythique dominé par les symboles et les paroles de la femme. A titre d'exemple, dans le premier roman, Touba, prénom à suffixe féminin, est un homme tandis que Salyé, dépourvu de la marque graphique du féminin, est celui d'une femme. Il en est de même pour le second roman dans lequel Safina est le nom d'un homme alors qu'*« Amirat Adh-Dhilal »* (Princesse des ombres) est une femme.

— Le discours romanesque féminin prend forme dans l'évocation mythique de la femme. C'est toujours elle qui pratique les rites de l'absence de sorte que, tantôt elle est l'objet de la passion, tantôt l'instigatrice de la séduction. Dans les deux cas de figure, c'est elle qui est la cause de la quête et du départ vers l'inconnu, stimulés par une ambiance mystique propice au voyage et qui contribue au renforcement de la dimension rituelle dans le récit. Par ailleurs, si les noms des femmes n'ont pas le signe du féminin, ceux des hommes qui, attirés en quelque sorte par le sexe opposé, portent, en revanche, le suffixe du féminin. Cette antithèse est à la base de la logique mythique qui est construite sur la dualité des mondes, sur leur interférence et leur interpénétration tout comme le croisement du réel et du mythique avec le spirituel dans ces romans.

[18] En français, le prénom *« Raja'a »* veut dire *« vœu », « invocation ».*

II. Les principaux facteurs

Le roman féminin saoudien n'est pas né ex nihilo. En effet, il a bénéficié d'accumulations politiques, économiques, sociales, culturelles et civilisationnelles qui ont été déterminantes dans son éclosion et son évolution. Les différents bonds qu'a connus ce roman, tant dans ses thèmes que dans ses techniques, ne peuvent pas être envisagés séparément des multiples mutations vécues à tous les niveaux par la société saoudienne et en un temps si court. Le dialogue noué par la romancière saoudienne n'est pas seulement un dialogue de soi à soi, mais aussi celui de soi au monde ambiant.

Les facteurs qui ont été à l'origine de l'émergence du roman féminin saoudien et de son développement, sont d'ordre politique, social, culturel, économique et civilisationnel. Ces facteurs ont été suffisamment relevés et commentés par deux chercheurs de l'Université saoudienne dans leurs livres respectifs. Le premier livre est de Sami Jeraïdi intitulé *Le roman féminin saoudien Discours de la femme et configuration du récit (Ar-Riwâya An-Nissaiâ As-Saoudiâ. Khitab Al-Marâa Wâ Tachkil As-Sard)*[19]. Quant au deuxième livre, il est signé Samaher Adh-Dhamen et porte le titre *Femmes sans mères : le sujet féminin dans le roman féminin saoudien (Nissâ bila ommahât Adh-Dhâwât Al-Onthawiyya fi Ar-Riwayâ An-Nissaiâ As-Saoudiâ)*[20], publié en 2010. C'est pour cette raison que nous nous contenterons d'en rappeler les traits les plus marquants.

---

[19] Sami Jeraïdi, *Le Roman féminin saoudien Discours de la femme et configuration du récit*, éd. Al-Intichar Al-Arabi, Beyrouth 2008 pour la première édition et 2012 pour la deuxième édition. Signalons que nous avons assuré la traduction de ce livre en français en 2014, publications de l'Université du Roi Saoud, Riyad, Arabie Saoudite.

[20] Samaher Adh-Dhamen. *Femmes sans mères : le sujet féminin dans le roman féminin saoudien*, éd. Al-Intichar Al-Arabi, Beyrouth/Club Littéraire de Hael, Arabie Saoudite, 2010.

1. Le facteur politique

Le domaine politique est, entre autres, un facteur essentiel étroitement lié à la configuration et à l'ameublement de l'espace, ou plus exactement à la description qu'en fait la romancière saoudienne à sa manière. Il est déterminant notamment dans la description de deux bouleversements cruciaux que la société saoudienne a vécus et qui ont marqué les esprits : la guerre du Golfe qui aboutit à l'invasion du Koweït par l'Irak et le terrorisme :

Les grandes transformations qui se produisent à la suite du 11 septembre 2001, avec une rapidité déconcertante, après la destruction des deux tours américaines, constituent un événement qui bouleverse le monde. Quant au bouleversement que les lois et les notions subissent sur le plan politique, comme c'est arrivé pour le Koweït, engendre chez les personnages des sentiments de peur, d'insécurité, de suspicion et de défiance vis-à-vis des questions de l'appartenance. L'invasion du Koweït par l'Irak et les crises, les guerres, les troubles et les répercussions qui s'ensuivent sont des faits qui ont marqué le monde arabe parce qu'ils ont mis à nu les tares cachées et parce qu'ils ont ouvert grandement la porte devant les convoitises étrangères, confirmant la fragilité de la situation et des relations interarabes.

S'appuyant sur ce facteur politique, le *« Courant de la Conscience »* a pu pénétrer l'intimité des personnages, les poussant à un retour sur eux-mêmes, par le biais de la réminiscence, de la prolepse et de la fragmentation de l'événement d'une manière qui ressemble à la brisure intérieure du personnage et à l'émiettement de l'événement politique.

2. Le facteur social

Les questions sociales sont un facteur important dans la configuration de l'espace qui devient, aux yeux de la romancière saoudienne, un axe central dans la peinture de ses multiples univers. Quelques-unes d'entre elles privilégient la description de la vie sociale selon un seul angle qui se rapporte à leurs préoccupations, aux causes qu'elles défendent et à leurs problèmes spécifiques, comme leur aspiration au mariage, la recherche d'un travail, le divorce, le veuvage, la garde des enfants, etc.

La femme est plus apte que quiconque à dévoiler le monde qui lui est spécifique. C'est ainsi qu'elle traite des problèmes inhérents au mariage sous plusieurs angles généralement rapprochés, comme l'attestent la plupart des romans. Il est souvent question d'une femme qui aspire au mariage selon ses espérances et ses ambitions, mais qui pâtit de la cruauté d'un père et de son ignorance calculée et qui l'oblige à épouser un homme dont elle diffère par l'âge et par la culture, comme le montrent de nombreux romans, tels *Une femme au-dessus du cratère d'un volcan*[21] de Bahia Bousbit et *Maison de verre*[22] de Koumacha Al-Alayène. Les personnages font toujours de fréquents retours sur eux-mêmes, par le biais du monologue intérieur, faisant part de leur regret, de leur ennui et de l'effondrement de leurs perspectives d'avenir. Quelques romancières soulèvent, par ailleurs, d'autres questions sociales qui touchent aux mauvais traitements qu'inflige la société aux femmes auxquelles elle impose des coutumes draconiennes, les contraignant à suivre une voie dans laquelle elles ne désiraient pas s'engager, comme le mariage obligé, la frustration affective et la privation de certains droits. Dans ce contexte, l'espace romanesque est sous l'effet de ce choc : celui du personnage face à la société.

3. Le facteur culturel

L'instruction de la femme saoudienne a eu beaucoup de conséquences positives qui ont favorisé par la suite l'essor de

---

21 Bahia Bousbit, *Une femme au-dessus du cratère d'un volcan*, éd. Dar Alem Al-Koutob, Riyad, 1996.

22 Koumacha Al-Alayène, *Maison de verre*, éd. Dar Al-Kifah, Dammam-Al-Khobar, T.4, 2004.

deux genres littéraires : la nouvelle et le roman. Dès le début, l'école lui permet de prendre davantage conscience de tout ce qui a trait à sa religion et à sa société, à sa valeur intrinsèque ainsi qu'au développement de ses facultés mentales et intellectuelles. Grâce aux diplômes qu'elle obtient, la femme réussit à accéder au domaine de l'emploi et de l'enseignement, atout qui lui est nécessaire pour qu'elle accomplisse sa mission culturelle et soit en contact avec la société par le biais d'une institution éducative efficiente. Bien que la femme saoudienne n'ait joui que tardivement des bienfaits de l'instruction en comparaison de ses semblables dans les autres pays arabes, elle a fait un énorme progrès qui l'a hissée à un niveau auquel personne, encore moins elle-même, ne s'attendait. À ce sujet, Ahmed Jamel estime que :

> *« prétendre que la femme est une énergie inemployée dans notre pays serait faire vite un mauvais procès dans la mesure où les Saoudiennes travaillent aujourd'hui dans les domaines de l'enseignement, de l'administration, de la médecine, du journalisme et de la recherche scientifique… »*[23].

C'est l'enseignement qui permet à la femme de s'engager dans divers domaines et qui lui ouvre les portes de l'avenir. D'ailleurs, l'une des questions les plus débattues dans la société saoudienne fut celle de l'éducation de la femme, avant que les écoles publiques des filles n'aient été officiellement ouvertes en 1380 de l'Hégire (1960).

> *« Quant à l'éducation des filles d'une manière officielle, elle a pris beaucoup de retard sous la dynastie saoudite. En effet, ce n'est qu'une trentaine d'années après la fondation du royaume que ce projet a commencé à se concrétiser »*[24], fait remarquer Bekri Cheikh Amine.

Cette activité dans le domaine de l'éducation favorise l'émergence d'une nouvelle génération de jeunes filles qui aspirent à une vie totalement différente de celle de leurs mères. Pour Faouzia Berioun :

---

[23] Ahmed Mohammed Jamel, *L'instruction des filles entre les aspects du présent et les risques du futur*. Club Littéraire de Taïf, 1988, p. 23.

[24] Bekri Cheikh Amine, *Le mouvement littéraire en Arabie Saoudite*, Ed. Sader, Beyrouth, 1973, pp.168-169.

« La presse a été la porte par laquelle un certain nombre de ces femmes écrivaines ont accédé au monde de la création littéraire »[25].

En effet, le rôle que la femme joue dans le domaine de la presse est le tremplin culturel qui lui permet de prendre connaissance des événements et des idées qui lui ont ouvert la voie par la suite pour écrire et surtout pour s'adonner à la création romanesque. En effet, la nature du travail médiatique, notamment dans les champs de la presse écrite ou de la radio, sensibilise la femme saoudienne à la nécessité de composer avec l'espace selon des approches plus perfectionnées et lui permet d'entrer de plain-pied dans l'univers de l'écriture. Ce facteur culturel contribue à mettre en valeur son rôle sur les plans intellectuel et social. À ce propos, Hassen Hijeb Al-Hazmi indique que :

« certains romanciers saoudiens ont essayé d'aborder cette question dans leurs romans à partir de points de vue différents et ont choisi pour leurs romans des personnages féminins dont la préoccupation principale et primordiale est celle de l'éducation de la femme »[26].

C'est ainsi que la romancière saoudienne devient plus apte à parler d'elle-même et à exprimer ses sentiments avec plus de maîtrise dans l'écriture, à partir du moment surtout où elle commence à traiter ses problèmes sociaux et psychologiques dans ses récits en optant, initialement, pour une langue impressionniste et spontanée avant de parvenir à une langue plus élaborée qui tranche avec celle des débuts et qui reflète sa prise de conscience des importants acquis culturels réalisés. C'est pour cette raison qu'elle brosse, dans ses textes, un portrait de la femme saoudienne qui met en valeur sa culture et sa capacité à exercer une profession. Elle s'implique elle-même dans le portrait qu'elle fait d'un personnage lettré et cultivé qui est aussi son autoportrait culturel et intellectuel.

---

[25] Faouzia Berioun, *« À propos de la nouvelle féminine dans la littérature saoudienne »*, in Actes du 2ème Congrès des écrivains saoudiens, Université Om Al-Qora, la Mecque, 1999, p. 301.

[26] Hassen Hijeb Al-Hazmi, *Le héros dans le roman saoudien*, Club Littéraire de Jazan, 2000, p. 574.

Des romans tels *Le paradis désolé* (1999) de Leïla Aj-Jhanni, *L'araignée* (2000) de Koumacha Al-Alayène et *J'ai séché mes larmes*[27] (2003) de Zeïneb Hafni, l'illustrent parfaitement.

4. Le facteur économique

Le progrès économique, de quelque nature qu'il soit, a un impact évident sur les domaines culturels et littéraires et leur évolution, entre autres l'art romanesque. Le développement économique du Royaume, ces dernières années, a eu un effet considérable sur l'essor du roman.

Il est possible que c'est la nature de la situation stratégique de l'Arabie, et surtout du Hidjâz, qui en est la cause. C'est à travers l'espace, entre autres, qu'on peut voir la grande avancée économique dans le roman féminin. Les accumulations économiques liées à un vieux passé commercial, ne sont pas restées limitées à leurs fins financières uniquement, mais ont été un puissant levain culturel avant la découverte du pétrole qui déclenche une véritable révolution culturelle et politique allant de pair avec le bond économique. On sait qu'à la fin de la guerre arabo-israélienne de 1973 et suite à l'embargo pétrolier décrété à l'instigation notamment de l'Arabie Saoudite, les prix de pétrole connaissent une très forte augmentation, accentuée par la guerre irako-iranienne en 1980 et qui va durer huit ans. Le Royaume d'Arabie Saoudite, créé officiellement en 1932, d'un pays aux revenus limités provenant essentiellement de l'élevage du bétail, de l'agriculture et de la pêche, devient, en un temps record, une puissance financière et la plaque tournante de projets et d'investissements gigantesques.

5. Le facteur civilisationnel

Le facteur civilisationnel est manifeste surtout dans les rapports complexes et problématiques de l'Orient avec

---

[27] Zeïneb Hafni, *J'ai séché mes larmes*, éd. As-Saki, Beyrouth, 2003.

l'Occident et de l'influence qu'exercent les sociétés évoluées et développées sur le citoyen arabe. Dans les romans féminins saoudiens, il y a une prise de conscience plus conséquente de l'image de l'autre, du rapport de l'Orient avec l'Occident et des influences réciproques liées à l'espace.

La relation de l'Orient avec l'Occident aide la romancière saoudienne à comprendre l'espace et à l'envisager comme une donnée constitutive de l'entité du personnage qui devient capable d'exprimer, à travers sa vision de la civilisation du lieu étranger, sa propre crise intérieure qui n'est qu'une sorte d'exigence psychologique d'extériorité. Pour la femme, la vie ne consiste pas seulement à rester confinée à l'intérieur du foyer, mais à avoir aussi un regard tourné vers une vie qui a son propre attrait. C'est ce que montrent des romans féminins d'après des images dont quelques-unes sont dominées par la sensation de la perte et de l'exil en dehors des frontières du pays d'origine.

Deuxième chapitre

Les principaux thèmes

Dans le roman féminin saoudien, les représentations des lieux, le déroulement des événements, la configuration des temps ou les modes de présence des objets, nous parviennent à travers le courant de la conscience des personnages qui ne ressentent le monde dans lequel ils évoluent qu'en fonction des séismes de leur subjectivité et de leurs états d'âme. L'espace tant local qu'occidental semble entièrement se mirer, à travers le radar intime des personnages féminins, déçus par la vie, en proie à un malaise persistant, aspirant à un ailleurs hypothétique et qui refluent vers leur monde intérieur et leur mémoire endolorie.

Le récit qui se dégage, dans l'ensemble, de plusieurs romans féminins saoudiens, rompt avec la conception narrative classique, il n'est pas événementiel, factuel ou réaliste, mais le récit d'une conscience intérieure, avec les procédés qui y sont inhérents, tels le monologue intérieur, le soliloque, la rétrospection ou l'anticipation temporelle.

I. L'espace et le courant de la conscience

Il y a différentes significations, parfois concurrentielles, attribuées au mot *« Espace »*, par des critiques et des penseurs tant occidentaux qu'arabes. C'est la présence de l'espace dans le texte littéraire qui confère à la spatialité des dimensions et des configurations nouvelles. Si la notion d'*« espace »* a été, dans l'ensemble, préférée à celles de *« lieu »* et d'*« aire »*, c'est parce que l'espace est plus étendu et plus englobant, devenant, dans la création littéraire, un foyer mental, affectif et psychologique qui dépasse les simples propriétés physiques d'un endroit géographique. Les espaces les plus marquants dans le roman saoudien, notamment féminin, sont la ville, le village, le quartier, le désert, la mer ainsi que les lieux intérieurs et privés.

Dans le roman féminin saoudien, ces différents espaces sont restitués à travers la conscience intérieure des personnages. Les espaces se déplacent, changent, se métamorphosent ou deviennent sans âme et sont frappés d'arrêt, en fonction des états d'âme des personnages. Dans la plupart des romans féminins saoudiens, ceux parus tant anciennement que de nos jours, les phénomènes de l'intériorisation, de la symbolisation et de l'onirisme sont dominants. Les lieux évoqués, d'une manière tant réaliste que figurative, sont nettement marqués par les coutumes du milieu ambiant. L'œuvre de Raja'a Alem en est une illustration exemplaire. Dans *La route de la soie*[1], par exemple, l'une des particularités de la Mecque est rendue sensible par un personnage qui revient sur l'une des coutumes féminines propres aux Mecquoises à l'époque :

> *« Ainsi, l'une des coutumes secrètes des Mecquoises, c'est que, lors du départ des hommes pour le pèlerinage ou le commerce à Minâa et Arafat, elles se réunissaient en bande pour pénétrer en cachette dans le sanctuaire de cette idole, déguisées en hommes ou en monstres, et alors commençaient les réjouissances en son honneur. »*[2]

Cette habitude, c'est *« le jeu d'Al-Qaïes »*[3] que les femmes pratiquent en l'absence des hommes. Elles mettent des habits

---

[1] Raja'a Alem, *La route de la soie*, Centre Culturel arabe, Beyrouth 1995.

[2] Ibid., p. 33.

[3] La provenance de cette dénomination *« Al-Qaïes »* semble inconnue. Désigne-t-elle une tribu mecquoise réputée ? Renvoie-t-elle au fameux Qaïes Ibn Al-Moulawah, l'amoureux transi de Leyla ? Dans une manifestation populaire féminine dont la fonction est de subvertir l'autorité de l'homme, ce terme d'*« Al-Qaïes »* n'entre-t-il pas en résonance, par un

masculins, transforment la société en une réserve féminine dans laquelle la femme prend pleinement conscience de ses responsabilités dans les affaires publiques, y compris dans le domaine sécuritaire, ce qui confère à la Mecquoise un certain ascendant dans des circonstances urgentes. Ce jeu est l'apanage des femmes et les Mecquois en sont exclus, eux qui se sont habitués à servir les pèlerins, de sorte qu'aucun homme ne peut s'attarder dans les quartiers, sous peine d'être taxé de réfractaire.

> *« Ce festival tourne autour d'une idée centrale, celle de la célébration d'une vie débarrassée de la gent masculine. La femme a pu réaliser son rêve dans une cité féminine qui lui est propre »*[4], indique Abdallah AL-Ghadhâmi.

Ce rite constitue un discours féminin tourné contre le mâle, une manière de l'exiler de la carte du lieu, et, par extension, une catharsis pour la femme au sens aristotélicien du terme. C'était vrai pour une époque déterminée, mais, actuellement, il serait difficile de trouver des rites pareils dans la mesure où la dynamique du mouvement social de l'homme et de la femme à l'intérieur de la société connaît une grande interpénétration. N'oublions pas également que cette coutume voit le jour vraisemblablement dans la foulée de l'ère ottomane et de l'autorité du *« haremlek »* qui constitue, alors, pour la femme un nouvel obstacle qui l'empêche de sortir de chez elle. Cet acte rituel, à l'intérieur du lieu sacré, illustre, entre autres, la volonté de la femme de briser le tabou et de se révolter contre la loi des hommes. Par cette revendication, elle clame en même

---

détournement ironique, avec celui d'*« At-Taïes »* qui, littéralement, signifie le *« bouc »*, mais qui, dans ses sous-entendus péjoratifs, veut dire *« bourricot »*, *« cocu » ?* Ce rapprochement est corroboré par une chanson répandue dans les milieux mecquois de l'époque et dont voici le début : *« Hé, Guiss que fais-tu là ?/ Tous les hommes sont partis/ Remue tes fesses et va-t-en/ espèce de Tiss ». « Guiss »* et *« Tiss »*, d'après l'usage dialectal : la cérémonie des femmes mecquoises est fondée, selon toute vraisemblance, sur le télescopage ludique de ces deux vocables.

[4] Abdallah Al-Ghadhâmi, *La femme et la langue*, Centre Culturel arabe, Beyrouth, 1996, p. 122.

temps son pouvoir intérieur dont les personnages féminins se font encore les interprètes dans les coulisses.

Dans le roman féminin saoudien, le personnage se représente l'espace selon deux configurations : l'une est statique alors que l'autre est dynamique. Dans les deux cas de figure, c'est la mémoire du personnage qui évoque l'espace d'une manière figée, perpétuant sa trace et son impact d'antan, ou qui lui insuffle de la vie et cherche à le sauver du dépérissement, comme dans une séance de réanimation. Si le lieu est restitué selon une configuration inerte, c'est parce que le personnage s'est lui-même figé, déplorant l'arrêt de l'espace ou voulant en garder une image inaltérée telle qu'il l'a gravée dans sa mémoire. Quant à la mobilité de l'espace, elle s'explique à son tour par celle de l'intériorité du personnage qui cherche à conjurer l'inertie des choses et des lieux. Dans ce contexte, les objets jouent un rôle crucial. Ils reprennent vie, sont sauvés de l'oubli et traités comme des êtres vivants, sous l'effet des sensations intérieures des personnages.

Face aux obstacles et aux changements tant intérieurs qu'extérieurs, le personnage abdique vite et se replie sur lui-même. N'ayant aucune prise concrète sur les espaces où il évolue, il est réduit à une impuissance totale. Le savoir qu'il a et qui aurait pu l'inciter à avancer les yeux ouverts vers les destinations désirées est un leurre. Plusieurs romans féminins saoudiens illustrent cette impuissance et cette défaite, comme *Des trompettes en papier* de Nada Abu-Ali, *La malédiction*[5] de Salwa Damanhouri, *Safina et la princesse des ombres*[6] de Maha Al-Faiçal sont révélées par les événements et leurs péripéties.

On appréhende des espaces par le biais de sensations intérieures, de désirs, de projections et d'une culture qui sont révélés par la langue. La langue du « *Courant de la Conscience* » donne lieu à un flux émotionnel fait d'interactions et d'interférences de toutes sortes. Quels sont les registres et les

[5] Salwa Damanhouri, *La malédiction*, imp. Assafâa ; La Mecque, 1994.

[6] Maha Al-Faiçal, *Safina et la princesse des ombres*, Organisation Arabe des Études, Beyrouth, 2003.

ressorts de cette langue ? Quelles sont ses significations ? Comment configure-t-elle les espaces ? Dans quelles images les fixe-t-elle ?

II. La langue et ses différentes manifestations

La langue des romans féminins saoudiens, sans exception, est liée à la caractéristique essentielle de la langue du roman : La fréquence des dialogues et l'éclairage par la diversité. La langue du roman est un système de langages qui s'éclairent réciproquement par le biais du dialogue et il n'est pas permis de la décrire ou de l'analyser d'une manière unilatérale et séparément. En réalité, la langue dans le roman féminin saoudien est une langue dialoguée à l'intérieur des personnages, traduisant, dans la plupart des cas, leur crise psychologique et intellectuelle. Cette langue assigne deux types de représentation à l'espace : la première est à sens unique alors que la deuxième est plurielle. Trois romans de Raja'a Alem, *La route de la soie*, *Sidi Wahdana*[7] et *Khâtem*[8] dans lesquels La Mecque, plaque tournante de son univers spatial, dispose de son signifiant autonome et des particularités qui lui sont spécifiques. Quant à la configuration polysémique, elle puise ses ressorts et ses ressources dans trois types de langue : la langue suggestive et symbolique, la langue poétique et la langue onirique. Ces trois types de langue sont manifestes dans plusieurs romans féminins saoudiens dont nous pouvons citer entre autres, *L'âtre des oiseaux*[9] de Raja'a Alem, *Des trompettes en papier*[10] de Nada Abu-Ali, *Le paradis désolé*[11] de Leïla Aj-Jhanni,

---

7 Raja'a Alem, *Sidi Wahdana*, Centre Culturel arabe, Beyrouth, 1998.
8 Raja'a Alem, *Khâtem*, Centre Culturel Arabe, Beyrouth, 2001.
9 Raja'a Alem, *L'âtre des oiseaux*, Centre Culturel Arabe, Beyrouth, 2002.
10 Nada Abu-Ali, *Des trompettes en papier*, Organisation Arabe des Études, Beyrouth, 2003.
11 Leïla Aj-Jhanni, *Le Paradis désolé*, éd. Al-Jamal, Allemagne, 1999.

Autre… et autre[12] de Hager Al Mekki et *Les autres*[13] de Saba Al-Hirz.

La langue des personnages du roman féminin saoudien n'est pas dénotative et littérale. Elle est marquée par la présence d'inserts poétiques, inspirés ou adaptés d'une palette de fragments poétiques célèbres, tant occidentaux qu'arabes, et que le personnage s'approprie pour exprimer la part manquante en lui. Cette langue est constamment aimantée par les images et les symboles. La romancière saoudienne accorde beaucoup d'importance au principe dialogique, à la rencontre avec l'Autre, voire à la fusion avec lui. Ces adaptations poétiques sont puisées dans les vers de John Milton, poète britannique, auteur du *Paradis perdu*[14] écrit en 1667, de Ghada As-Sammane, poétesse et romancière syrienne, symbole vivant de la défense des causes de la femme arabe, de Mahmoud Darwish, poète palestinien, ou dans des chansons orientales célèbres telles *Les Ruines* (*Al-Atlal*) de la diva égyptienne Om Kalthoum. La figure dominante d'après laquelle sont évoqués les espaces, qu'ils soient ouverts ou fermés, citadins ou ruraux, réels ou imaginaires est celle de la prison.

Dans le roman féminin saoudien, les échappées oniriques sont également omniprésentes. En effet, les rêves jouent un rôle prépondérant dans la représentation de l'espace, comme on le voit dans plusieurs romans tels *Scrutant le ciel des yeux*[15] de Koumacha Al-Alayène, *Suicide sur commande*[16] de Alâ Al-Hadhloul, *La direction de la boussole*[17] de Noura Al-Ghamdi ainsi que la plupart des romans de Raja'a Alem, notamment *L'âtre des oiseaux* et *Sidi Wahdana.* La langue onirique, telle qu'elle se

---

[12] Hager Al Mekki, *Autre… et autre*, Centre Culturel Arabe, Beyrouth, 2005.

[13] Saba Al-Hirz, *Les autres*, éd. As-Saki, 2006.

[14] John Milton, *Le Paradis perdu*, Trad. par François René de Chateaubriand, Éditeur scientifique : Robert Ellrodt, éd. Gallimard 1995.

[15] Koumacha Al-Alayène, *Scrutant le ciel des yeux*, éd. Rachek Bors, tome 3, Beyrouth, 2000.

[16] Alâ Al-Hadhloul, *Suicide sur commande*, éd. As-Saki, Beyrouth, 2004.

[17] Noura Al-Ghamdi, *La direction de la Boussole*, Organisation Arabe des Études, Beyrouth, 2002.

déploie, est une transmutation permanente, une plongée dans des espaces qui acquièrent des dimensions surréelles. L'image de la prison est relayée par une autre image qui lui est corollaire, celle du tombeau. Ces deux figures spatiales, l'une carcérale et l'autre funèbre, traduisent l'acuité du malaise social et existentiel du personnage.

L'espace est animé par des personnages qui le font bouger ou qui le stabilisent. Trois postulations déterminent, d'une manière générale, la trajectoire du personnage : le vouloir, le pouvoir et le savoir. Dans tout ce qu'il entreprend, le personnage n'est pas confronté uniquement à des problèmes de lieux qu'il n'arrive plus à repérer, mais aussi à des événements qui semblent le dépasser.

De quel type d'événement est-il question dans le roman féminin saoudien ? L'événement est-il progressif et évolutif ? Ou est-il un anti-événement, c'est-à-dire qu'il ne fait que tourner sur lui-même, se fixant dans un problème central et majeur ? Le récit est-il unitaire et régi par une totalité événementielle qui est manifeste du début jusqu'à la fin ? Ou est-il éclaté, empruntant la voie vertigineuse d'une multitude d'événements ?

IV. L'ÉVÉNEMENT ET SES CATÉGORIES

À côté de la langue, du personnage, de l'espace et du temps, l'événement est, dans tout roman, une composante constitutive de la structure narrative dans sa totalité. Mais dans le *Nouveau Roman*, la nature de l'événement est particulière dans la mesure où celui-ci se produit à travers le monologue intérieur du personnage, le souvenir ou le soliloque. Dans sa configuration, l'espace est fragmenté tout comme les événements qui se produisent dans des lieux liés à l'état d'âme du personnage et à ses dilemmes intérieurs.

Dans le roman féminin saoudien, l'événement est souvent évasif et pluriel. Il est notamment présent dans le roman de voyage qui suit un itinéraire narratif sinueux fait de plusieurs pistes et de rencontres aussi imprévues les unes que les autres. Les événements s'interpénètrent, s'emboîtent et se chevauchent sans qu'on perçoive clairement les liens logiques de ces faits inaboutis. La structure du récit se fonde sur un incessant système de relais événementiels et sur une succession de lieux de différentes natures. Il n'y a pas de logique dans ce puzzle régi par le principe de la ramification métaphorique, chaque figure accouchant aussitôt d'une autre, telle une poupée russe étant donné que toutes ces interférences sont le fruit des évocations intérieures du personnage et de ses rêves. Cette structure disparate et hétéroclite est éclairante sur la conception que se fait le *Nouveau Roman* de l'événement : une pérégrination perpétuelle et un flux mental qui épousent les méandres mêmes de la vie, telle qu'elle est intériorisée et rêvée par les personnages. Deux romans illustrent d'une manière exemplaire cet événement complexe et à plusieurs voies, *Safina et la princesse des ombres*[18] de Maha Al-Faiçal et *La direction de la boussole*[19] de Noura Al-Ghamdi. Le premier roman est le récit d'un long voyage qu'entreprennent des personnages à la recherche de la *« Ville de la Science »*, lieu qui s'avère, en définitive, introuvable puisqu'il gît dans le cœur. Quant au deuxième roman, dominé par les images de la Guerre du Golfe en 1991, il fait le portrait d'une communauté tribale confrontée à des événements enchevêtrés jusqu'à l'infini.

Les personnages du roman féminin saoudien du *« Courant de la Conscience »* ne sont pas seulement confrontés à des espaces et à des événements, mais aussi au temps. De quel temps s'agit-il ? Selon quels modes s'ordonne la structure temporelle ? En quoi le temps est-il révélateur autant que l'espace de la crise existentielle des personnages ?

18 Maha Al-Faiçal, op. cit.

19 Noura Al-Ghamdi, op. cit.

V. Le temps et ses différents modes

Plusieurs facteurs contribuent à rattacher le temps à la configuration de l'espace dans les œuvres du *Nouveau Roman*, dont quelques-uns s'expliquent par la nature du type temporel aussi bien philosophique que psychique auquel appartient le roman. Il faut tenir compte également du malaise du personnage, déterminé par des causes sociales, qui le rend sensible notamment à la brièveté du temps dans l'espace, à son aspect éphémère ou durable. Par ailleurs, le facteur politique accentue l'échec, face au temps, du personnage qui devient indifférent à l'essence du temps et à son existence.

À côté des facteurs philosophiques, psychiques, sociaux et politiques, il y en a d'autres, à caractère technique, qui se rapportent à la question de l'expérimentation narrative, comme l'interpénétration du temps et de l'espace dans la conscience de personnages qui se remémorent des lieux situés dans un passé révolu, tel qu'on le constate, par exemple, dans *L'âtre des oiseaux* de Raja'a Alem.

Dans le roman féminin saoudien, il est rare que le temps suive une direction linéaire et naturelle. Il est souvent inversé comme dans le roman *Adam... Seigneur*[20] de Amal Chatta, interférant, tel qu'il se manifeste, par exemple, dans le roman *L'araignée*[21] de Koumacha Al-Alayène, ou circulaire, comme le met en évidence le roman *Safina et la princesse des ombres*[22] de Maha Al-Faiçal

Du moment que les personnages dans le roman féminin saoudien dialoguent beaucoup avec eux-mêmes et se réfugient dans le souvenir, le temps, tel qu'ils le vivent et le ressentent, est chaotique. Les drames auxquels ils sont en butte ne sont pas des drames horlogers, mais existentiels, voire ontologiques, déterminés par des déchirements privés et familiaux ou

---

20 Amal Chatta, *Adam... Seigneur*, éd. Société d'impression Al-Madina, Djedda, 1997.

21 Koumacha Al-Alayène, *L'araignée*, Dammam-Khobar, Dar Al-Kifah, 4e éd., 2003.

22 Maha Al-Faiçal, op. cit.

par des bouleversements extérieurs et politiques. Ce temps psychique, avec ses multiples niveaux et ses incalculables imbrications, souligne le rejet du personnage du temps cosmique et objectif avec son lot de déceptions, de contraintes et de restrictions. De cette dialectique du sujet confronté à l'impitoyable marche du temps et aux vicissitudes de la vie, ce qui se dégage, c'est la négation du temps. Mais qu'ils dérèglent son cours naturel par le biais de l'analepse ou de la prolepse ou qu'ils le méconnaissent et outrepassent intérieurement ses barrières, les personnages sont bon gré mal gré des otages de ce temps qui les accable ainsi que de ses apories mortelles. On dirait qu'ils sont sous l'effet d'un deuil sans issue.

Comment vont-il surmonter ce deuil qui les endolorit ? Quelles voies vont-ils emprunter pour se chercher une échappatoire ? La médiation mythique ne s'avère-t-elle pas pour les personnages féminins le meilleur moyen d'échapper aux dures contraintes de la réalité ?

VI. LE MYTHE ET SES DIVERSES MANIFESTATIONS

Pour la romancière saoudienne, la signification mythique de l'espace constitue une sorte d'évasion de la réalité vers des contrées légendaires. Grâce à la technique du « *Courant de la Conscience* » et à son rôle dans l'expression des sentiments du personnage et dans la mise en avant de sa présence prépondérante dans le cours des événements, elle a tendance à cacher des aspects de la réalité qu'elle peut révéler, une fois qu'elle les transpose dans une aire mythique, d'une manière plus directe et plus osée qu'elle ne pourrait le faire par le biais d'un récit réaliste.

Dans le paysage du roman féminin saoudien, deux romancières se distinguent particulièrement par l'exploitation judicieuse du mythe : Raja'a Alem, en premier lieu, dans la plupart de ses romans précédemment mentionnés, et Hager

Al-Mekki, en second lieu, dans son roman *Autre... autre*[23]. L'univers mythique de l'auteure de *Khâtem* est dominé par ce cadre bien déterminé : *Wadi Abkar*[24]. La présence de cet espace dans le récit n'a aucune similitude avec le lieu connu sous le nom de *« Wadi Abkar »* dans le patrimoine arabe, même s'il le recoupe. Serait-il le même, on ne pourrait l'envisager comme une transposition identique de l'héritage ancien. C'est plutôt un espace symbolique au sein duquel se tapissent des significations touchant à des réalités concrètes et à des données sociales ainsi qu'à des univers dont quelques-uns se rattachent à la particularité inconnue d'Abkar qui ne fait pas partie de la géographie de l'espace qui, elle, existe dans la réalité. Dans ce roman, l'apparition de *« Wadi Abkar »* en tant qu'aire mythique hantée par les Djinns, peut être considérée comme étant une récupération du mythe en vue de déchiffrer les signes cryptés d'un réel qui est chargé de faits étranges.

Un autre espace chargé de symboles aussi énigmatiques les uns que les autres est transposé mythiquement par Raja'a Alem : Djedda. Dans *Sitr (Décence)*, l'héroïne se remémore ce que sa grand-mère lui avait dit à propos du mythe de Djedda ainsi que la clé d'Adam qui y est cachée, symbole mythique qui nous ramène au problème de la création d'Adam et de son apprentissage de la langue, comme c'est dit dans ce verset du Coran : ***« Et il apprit à Adam tous les noms... »***[25]. Le mythe s'étend au déchiffrement des signes du pouvoir magique qui a fait de la parole le moyen de communiquer à partir d'espaces ordinaires dont les vérités remontent à une autre époque où se cachent, comme l'implique la symbolique

---

23 Hager Al-Mekki, op. cit.

24 *« Wadi Abkar »* est une vallée abyssale qui se trouve en Arabie Saoudite dans la région de Najd qui signifie *« haut plateau »* en français. La fable dit que toute personne qui passe une nuit dans cet endroit ancestral habité par les poètes des Djinns, est visitée par un poète ou une poétesse qui lui inculque la poésie. C'est de ce terme *« Abkar »* qu'est dérivé l'adjectif *« abkari »* qui veut dire *« génial »*.

25 Sourate *« La Vache »* (*« Al-Baqarah »*), verset 31.

de cette clef magique, les noms des quartiers et les nationalités de l'espèce humaine.

Hager Al-Mekki file également, à sa manière, le mythe spatial de Djedda incarné par son fameux *« cimetière d'Eve »*. Dans *Autre… autre*, La configuration de l'espace mythique apparaît dans la nature qui lui est conférée : un immense cimetière, englobant, plongé dans les rites de la magie, de l'occultisme et de la prophétie.

> *« D'aucuns disent qu'on a découvert que Djedda remonterait à l'époque d'Eve. Sous cette foule il y aurait des chemins et des forteresses constitués des cendres du corps d'Eve »*[26], dit l'héroïne.

L'aspect mythique de cet espace ne réside pas dans le fait qu'il constitue l'histoire secrète de Djedda, mais celle d'une femelle. On dirait que la femme a le droit de reprendre intégralement son histoire à partir du discours phallocratique qui ne révèle pas, dans sa langue, la raison pour laquelle cette ville, Djedda, n'a été ainsi nommée que par référence à la mère de l'humanité qui aurait été inhumée dans cet endroit[27].

> *« Mon Dieu ! Qui est en train de fouiller, nous assiégeant avec l'histoire d'une femelle ? »*[28], se demande le personnage.

Ainsi, la romancière reconnaît-elle sa réalité historique qui remonte à la période qui précède la lignée humaine pour faire de celle de l'espace une lignée féminine grâce à laquelle elle dépasse l'aménagement que l'homme moderne fait de l'espace. Dans ce roman, la vision mythique réside dans l'entité spatiale à laquelle appartient le cimetière d'Eve et dans sa relation avec l'événement romanesque relatif à l'histoire d'une ville qui remonte aux origines de la création.

---

[26] Mekki, *AA*, p. 32.

[27] En français, *Djedda* signifie *« Grand-mère »*.

[28] Mekki, *AA*, p. 33.

TROISIÈME CHAPITRE

Le roman féminin saoudien : analyses

Comme nous l'avions indiqué dans l'introduction de cet essai, notre choix s'est porté essentiellement sur quatre romans. Le premier roman : *Le paradis désolé*[1] de Leïla Aj-Jhani qui est, nous semble-t-il, le meilleur roman saoudien écrit sur Djedda, une ville en pleine mutation engagée dans une irréversible métamorphose, telle que la perçoit une jeune femme brisée et en proie au désespoir. Le deuxième : *Khâtem*[2] de Raja'a Alem qui est centré sur les impasses mortelles du masque qui est adopté comme une arme redoutable de dévoilement social. Ce roman sort nettement des sentiers battus dans le traitement de la condition féminine dans la mesure où il combine plusieurs niveaux, social, historique, politique, culturel et artistique, qui sont indissociables et qui ouvrent la voie à plusieurs interprétations irréductibles. Le troisième : *La direction de la boussole*[3] de Noura Al-Ghamdi parce que c'est un roman qui élève le récit de la réalité oppressive au sein d'une communauté tribale dominée par la guerre, à une vision philosophique de la mort et de la mémoire. Le quatrième : *Les filles de Riyad*[4] de Raja'a As-Sanâ afin de

---

[1] Leïla Aj-Jhanni, *Le Paradis désolé*, éd. Al-Jamal, Allemagne, 1999.

[2] Raja'a Alem, *Khâtem*, Centre Culturel Arabe, Beyrouth, 2001.

[3] Noura Al-Ghamdi, *La direction de la Boussole*, Organisation Arabe des Études, Beyrouth, 2002.

[4] Raja'a As-Sanâ, *Les filles de Riyad*, éd As-Saki, Beyrouth, 2005.

comprendre ce que nous appellerons *« l'opportunisme »* de ce roman, c'est-à-dire son cadrage délibéré avec l'esprit du temps, et d'y repérer les clichés, les recettes sinon les astuces qui seraient à l'origine de sa large audience.

I. *LE PARADIS DÉSOLÉ* : SABA ET DJEDDA

Leïla Aj-Jhanni est l'auteure notamment de deux romans qui ont marqué les esprits, *Le paradis désolé* (1999) et *Jahilyâ*[5] (2007) qui fustigent, sur un ton amer et désabusé, les divers blocages auxquels sont en butte les femmes. Son roman *Le paradis désolé* peut largement figurer dans la littérature romanesque mondiale qui a fait de la ville la plaque tournante des événements et des actions. Avec ce récit écrit dans une langue alerte, à la fois suggestive et poétique, Djedda nous apparaît sous un jour nouveau.

1. L'omniprésence des lieux

Dans *Le paradis désolé*, les lieux sont présents, statiquement, comme les décrit un personnage anxieux, par le biais des souvenirs qu'il en garde :

> *« Je suis restée hier en train de me remémorer tous les endroits dont tu as parlé dans tes papiers, les rues, les virages, les ponts, les buildings et la mer, tunique blafarde de Djedda, en perpétuel reflux. »*[6]

Seuls les rues, les virages, les ponts et les buildings semblent immobiles alors que la mer est en mouvement. En effet, son influence psychologique sur le personnage est rendue sensible par une image dynamique selon laquelle l'espace marin incarne le blason vestimentaire, pâle et refluant, d'une ville. Cette impression en recoupe une autre dans le même roman :

> *« Mon Dieu ! Si je pouvais voir la mer maintenant ! Les plages désertes,* ***la Plage du Bonheur, Palm Beach, la Famille, le Canari, le Corail****, beaucoup*

---

[5] Leïla Aj-Jhanni, *Jahilyâ*, Dar Al-Adab, Beyrouth, 2007.

[6] Leïla Aj-Jhanni, *PD*, p. 76.

de noms et une seule mer étendue que je ne peux rejoindre et dont je ne peux m'éloigner. »[7]

C'est ainsi qu'apparaît la multiplicité des lieux dans leur dimension fixe, à travers un inventaire rapide des noms de casinos, de cafés et de restaurants qui font la réputation de la corniche de Djedda. Quant à la mer, elle est, en revanche, unique. La signification de cette configuration statique est liée à la nature de cette femme, confrontée à un conflit psychique et social occasionné par une déconvenue sentimentale. Tous les lieux qu'elle a traversés précédemment et qu'elle évoque dans une traînée de souvenirs ne suggèrent aucun mouvement, à l'exception de la mer qui, elle seule, est animée. Le figement du lieu ne peut être élucidé qu'à la lumière du choc psychique dont a été victime la jeune femme, initialement, et qui ne cesse de la poursuivre même dans ces endroits. C'est la mémoire endolorie qui est à l'origine de l'image disgracieuse et inerte que se fait le personnage de ce lieu, pourtant splendide.

Si dans le roman d'Aj-Jhanni, la plupart des lieux semblent frappés d'arrêt, d'autres, en revanche, paraissent mobiles. C'est à la porte que le personnage confère une formation dynamique dans la mesure où à chaque fois qu'il est à son seuil, il en fait le lieu du jaillissement des souvenirs. Lorsqu'il l'ouvre, on dirait qu'il ouvre les vannes de son âme et de ses sentiments :

« Je m'arrête au petit seuil de la porte. Les objets vacillent autour de moi et s'approchent, même les plus petits détails de la tristesse. Un moustique vrombit à mon oreille. La porte en bois blanc décorée d'anneaux dorés qui scintillent à la lueur chancelante de la bougie se dresse devant moi tel un secret que l'univers a recouvert de ses ailes. Je l'ouvre et, aussitôt, s'en dégagent les effluves des souvenirs et jaillit la clameur des mots que nous avons dits chaque fois… je ferme la porte et, alors, les bruits de l'univers s'écoulent. »[8]

Le perron est l'espace qui permet de pénétrer dans une maison. Mais, en réalité, c'est le fond du personnage qu'il nous invite à sonder. Pour ce personnage, la porte qui se dresse devant lui, cache un secret que l'univers recouvre de ses ailes.

---

[7] Ibid., p. 53.

[8] Leïla Aj-Jhanni, *PD*, p. 34.

Il en est de même de son monde intérieur qui renferme des souvenirs, des peines et des sensations qui sont en réalité des secrets refoulés qui remonteront à la surface un jour ou l'autre, tout comme cette porte blanche, le pendant du cœur pur du personnage.

2. Le poids des événements

Dans *Le paradis désolé*, l'événement est écrasant. Le point commun qu'il a avec un autre roman *Une femme au-dessus du cratère d'un volcan*[9] de Bahia Bousbit, c'est que les deux romans s'intéressent au problème de la femme et font de l'homme le principal frein à son épanouissement. L'image de l'homme est négative, comme le souligne le comportement d'un père cruel et ignare et d'un époux rétrograde et décrépit dans le roman de Bousbit, ou celui d'un homme adultérin et médiocre dans celui de Jhanni, traité par l'héroïne en ces termes : *« Tu n'es qu'un animal, Ameur ! Tu n'es que ruine et destruction ! »*[10] Dans un autre passage, elle dit : *« Maudit soit-il ! C'est une crapule, une peste, un suppôt de Satan ! »*[11] L'acte majeur qui marque sa mémoire et son esprit a trait au péché qu'elle a commis à un moment de sa vie, qu'elle regrette beaucoup et qu'elle se rappelle, tout le long des événements, par le biais d'une configuration intériorisée de l'espace. Pour le personnage, l'événement devient évasif et pluriel.

La ville de Djedda est l'espace principal dans ce roman, elle est aussi l'événement, voire le personnage par excellence.

> *« Djedda est une femme comme moi. Mais elle est beaucoup plus intelligente que je ne le suis. Elle ne livre jamais toutes ses clés à quelqu'un »*[12], se dit-elle.

À travers la résistance d'une ville qui est imprenable et la soumission d'une femme qui se livre à un homme qui ne la mérite pas, se précisent les signes du remords et du sentiment

---

[9] Bahia Bousbit, *Une femme au-dessus du cratère d'un volcan*, op. cit.
[10] Leïla Aj-Jhanni, *PD*, p. 6.
[11] Ibid., p. 71.
[12] Ibid., p. 23.

du péché originel. À travers le monologue intérieur et les termes du *« Courant de la Conscience »*, Saba fusionne avec Djedda. C'est ainsi qu'apparaît le pouvoir de ce courant romanesque grâce auquel l'expérience douloureuse (la trahison dans la relation amoureuse et la perte de l'enfant), est restituée dans son intégralité. Tout devient pareil à un paradis désolé, avec une double signification symbolique. En effet, on y voit, d'une part, une allusion à l'état psychologique du personnage féminin Saba et à sa vision ontologique et, d'autre part, à l'espace qui amplifie cet état et l'exprime par le biais de son constituant oxymorique : (paradis ≠désolé). En d'autres termes, le changement intime vécu par Saba va de pair avec la métamorphose de la ville de Djedda, devenue, dans le roman :

> *« une ville pour les rats et les chiens alors que j'avais cru que c'était la ville des nuages, des oiseaux, de la mer, des palmiers et des amoureux »*[13].

Cet événement dont se souvient amèrement Saba n'est pas encore épuisé. En effet, voilà qu'un embryon, fruit de ce qui s'était passé, s'installe dans ses entrailles, dans son utérus, la matrice spatiale par excellence. Au moment même de la séparation fatidique, la mère se remémore le merveilleux moment du dialogue intérieur avec son fœtus :

> *« Mon Dieu ! Comment le devoir a-t-il pu être aussi terrible et répugnant ? Quand je ferme les yeux, la différence ne semble pas grande entre l'avant et l'après. Toi et moi, nous sommes suspendus au milieu de cette obscurité effrayante. Dis-moi comment est-il possible que tu sois la cause de ma souffrance alors que tu es le fruit de mon plaisir insensé ? Comment puis-je être la cause de ta mort alors que le cordon de la vie te relie à moi ? »*[14]

Tel qu'il est représenté, l'utérus apparaît aussi sombre que l'événement que cette femme a vécu et la vie qu'elle mène. De même, il fait penser aux ténèbres du sépulcre à l'intérieur duquel elle souhaite enterrer son péché. Mais c'est la ville de Djedda tout entière qui se transforme pour elle en un vaste tombeau :

---

[13] Leïla Aj-Jhanni, *PD*, p. 17.

[14] Ibid., pp. 13-14.

« Il ne reste plus au fond du cœur que des ténèbres et une désolation pareille à celle du tombeau. Djedda n'est plus maintenant qu'un vaste tombeau qui me comprime les côtes. »[15]

Elle se dit encore :

« Où est-ce que tu croupis au milieu de cette obscurité ? »[16]

Dès que l'enfant pénètre dans la zone du péché, la ville de Djedda fait voir un nouveau visage. La vision qu'avait Saba de la relation avec cette ville se répercutait sur l'espace. Dès que cette relation s'effondre, c'est une autre Djedda qui apparaît :

« Une autre ville secrète s'est révélée à moi dans ses profondeurs, une ville ambiguë, louche, dans laquelle il y a plus d'ombre que de lumière. Ses habitants n'ont plus de traits ou plutôt se dissimulent derrière des masques. »

Commentant ce roman, Chirine Abu-Naja écrit :

« Dans **Le paradis désolé**, *le choc émotionnel a révélé les failles cognitives dans l'image dominante qu'on se fait de la ville de Djedda, ces failles qu'on relègue dans la marge pour que le corps de la page reste lisse, conforme à ce qui est communément admis et sourd à ce qui est susceptible d'ébranler les certitudes. »*[17]

L'émiettement de l'événement s'accorde également avec l'espace-cible (Djedda), si bien que vont s'y mêler les petites choses de la vie avec le discours de la jeune femme au sujet des films, des chansons et des chants anciens. Même sa rencontre avec le chauffeur égyptien (Hassan Imam) et la conversation qu'elle entame avec lui, sont un autre palier de son évasion de l'espace et de sa recherche d'un lieu de substitution. C'est ainsi qu'elle dit :

« Tu sais, Hassan, j'aimerais tant visiter Alexandrie. Est-ce qu'elle est belle ? »[18]

La mer obsède Saba qui cherche à y dissoudre l'unique événement qu'elle a vécu. Elle va poursuivre sa régression, faisant de la configuration de l'espace marin un paysage psychologique d'une extrême acuité :

---

15 Ibid., p. 28.

16 Ibid., p. 14.

17 Chirine Abu-Naja, *Le concept de* **« patrie »** *dans l'esprit des femmes écrivaines arabes*, Centre d'Études de l'Union Arabe, Beyrouth, 2003 p. 51.

18 Leïla Aj-Jhanni, *PD*, p. 33.

« La mer ne viendra-t-elle pas jusqu'ici pour m'emporter toute seule ? Ou, plutôt, non, pour nous emporter, mon enfant et moi, loin du paradis perdu, de Djedda et des rues qui ont renié leurs noms. »[19]

La prise de conscience par la romancière saoudienne de l'importance de l'espace :

« a conféré au roman une grande dimension humaine à la faveur de la projection de l'état intellectuel et psychique du personnage féminin sur l'espace de la ville. C'est ce qui fait que Djedda passe d'une dimension réelle à une dimension figurative en parfaite accointance avec l'univers du récit et en même temps affranchie de toute velléité décorative »[20].

Dans ce roman, si l'événement pèse de tout son poids sur l'esprit de l'héroïne, c'est parce que celle-ci va quelque part pour se faire avorter. C'est dans cet endroit que culmine le monologue intérieur, puisque son enfant est arraché à son corps et s'en va à jamais, à la suite d'un avortement pénible et rudimentaire.

3. Le cerceau du temps

Le dernier chapitre du *Paradis désolé* s'ouvre par les mots suivants : *« Crève, Abu Khaled ! »*[21]. Le roman se conclut par les mêmes termes[22]. La romancière donne à cette section finale qui se caractérise par la circularité de l'événement le titre *« Abrégé de l'âme »*, pour exprimer intérieurement la crise spirituelle et psychologique dont souffre encore l'héroïne suite à un problème sentimental vécu auparavant. La trahison dont Saba est victime est une des facettes de la trahison du temps. On dirait qu'elle reprend son ancien combat contre le temps nouveau, conformément à un mouvement circulaire ininterrompu qui concentre les différentes sortes de duperie et de félonie endurées à une époque encore palpitante de vie. Sa quête de l'espace paradisiaque est, donc, l'expression de

---

[19] Ibid., p. 58.

[20] Ezzet Omar, *Orientations du discours narratif dans le roman émirati et arabe*, Circonscription de la Culture et de l'Information, Chardja, 2003, p. 124.

[21] Leïla Aj-Jhanni, *PD*, p. 85.

[22] Ibid., p. 100.

l'impossibilité totale de trouver un lieu où elle serait heureuse. Ainsi, le temps à venir devient-il l'un des modes de l'éternel retour à un temps passé à partir duquel l'héroïne a entamé sa vie de sorte que la crise antérieure se prolonge dans le futur.

Dans ce roman, la circularité du temps semble liée à cet espace réel (Djedda) qui pèse de tout son poids sur les sentiments du personnage.

> *« Tu vas donc revenir au point de départ et Djedda va te faire revenir non seulement à son début, mais aussi à celui de ce monde pénible… »*[23], se dit-elle.

Le problème du temps circulaire réside dans la nature de l'événement lié à un espace qui va être lui aussi mis à l'index et accusé de trahison. Si elle déteste Djedda, c'est parce qu'elle abhorre l'événement qu'elle y a enduré. Dans l'un de ses monologues intérieurs, elle dit :

> *« Plusieurs papiers et brouillons éparpillés. Tu les parcours et, quelquefois, tu songes à les déchirer, uniquement pour recommencer à partir du commencement que te propose Djedda chaque fois que tu penses à elle. »*[24]

Le personnage met l'accent sur la circularité du temps. La ville de Djedda, plaque tournante de la spatialité dans ce roman, exerce sa tutelle sur la mémoire du temps à un point tel qu'elle devient le moteur de ce mouvement circulaire. En annonçant ces fins de vie, Saba souligne la crise de la mémoire perpétuellement en quête d'une page blanche pour un nouveau départ. Mais c'est l'espace qu'elle ne peut feindre d'ignorer, incrusté au fond de sa mémoire et qui continue à avoir la mainmise sur ses sentiments. Elle n'a qu'à se laisser aller à ce mouvement temporel en cercle, à travers une configuration que le lieu impose et que l'événement annonce, pour pouvoir pénétrer dans un autre temps et un autre espace vers lesquels tend sa recherche.

Dans *Le paradis désolé*, il y a une correspondance du personnage avec le temps à travers la description de la ville de Djedda. *« … comme si j'étais séparée d'elle par une éternité… »*[25], lit-

---

[23] Ibid., p. 85.

[24] Leïla Aj-Jhanni, *PD*, p. 89.

[25] Ibid., p. 40.

on. Dans ce roman, le personnage n'est pas en harmonie avec le temps, mais il est en interférence avec Djedda. Dès que l'espace dispose de son temps à lui, le personnage a aussi le sien propre. Mais c'est un temps inattendu et le personnage est conscient de son extension, comme le souligne l'expression *« une éternité »*. Il fait revivre ses souvenirs et ses problèmes personnels dans l'espace avec extrêmement d'anxiété.

Parlant de la trépidation du temps et du conflit qui l'oppose à l'espace, le personnage dit :

> *« C'est une ville qui oublie vite ses chagrins. Tout s'y écoule rapidement. Même les hommes ont appris à passer hâtivement. »*[26]

Dans cet extrait, l'idée de vitesse réfère au mouvement et non au temps. Mais si on l'envisage en fonction de la nature des événements romanesques, elle indique plutôt le degré d'accélération du temps d'un point de vue psychologique. À travers le déroulement des événements, le personnage a souffert et souffre encore d'un temps qui l'accable de l'intérieur, comme il se le dit dans un extrait antérieur :

> *« Ah ! Tout est fini maintenant. Tout est fini aussi vite que les fêtes et les jours de printemps à Djedda… »*[27]

Au niveau profond de la dialectique qui oppose l'intériorité du sujet au temps, c'est la bougie, dans *Le paradis désolé*, qui est le symbole de la négation du temps à l'intérieur du lieu. À la fin de son parcours, c'est le personnage lui-même qui devient la bougie qui s'éteint dans l'espace.

> *« Soit qu'il fût sous le charme ou que j'eusse été stupide. Il m'a dit : Que la mer soit notre témoin et la bougie notre guide ! Combien de bougies avons-nous allumées ? Une, deux… dix bougies dont le vent chargé de sel a emporté l'odeur… Et la brise éteignait nos bougies l'une après l'autre »*[28], dit-elle en elle-même.

La mer est le témoin de l'espace alors que la bougie est la preuve du temps. Mais en revivant cette scène qu'elle a vécue avec cet homme, Saba retrouve le temps dans l'espace. La

---

[26] Ibid., p. 41.
[27] Leïla Aj-Jhanni, *PD*, p. 27.
[28] Ibid., p. 22.

bougie renvoie ici au temps de l'événement, mais aussi à la destinée de cette femme qui s'est consumée à maintes reprises, se reconnaissant dans cet objet. En effet, la bougie est investie symboliquement non seulement parce qu'elle éclaire, mais aussi parce que sa luminosité dure et persiste, marquant le long séjour du personnage dans le lieu et aiguillonnant son radar intime. La longue nuit que veille le personnage est ennuyeuse, mais les bougies sont là pour se relayer et éveiller ses sentiments. Quant à l'extinction de la bougie, elle signe le dépérissement du temps et, par conséquent, celui du personnage :

> *« J'observe le feu qui s'est déclaré dans le vêtement. Il s'éteint lentement. Une rafale, puis une autre et le problème est résolu. Alors je resterai auprès d'une seule bougie qui ne se serait pas éteinte. »*[29]

On dirait que la flamme ou la bougie fait retrouver au personnage sa mémoire cachée dans l'incandescence lumineuse de l'espace, le temps de la bougie devenant finalement celui du personnage qui commence à péricliter et à s'éteindre. Dans ce roman, la fusion du sujet avec la bougie n'est qu'un autre état qui exprime l'échec que cette femme a essuyé dans sa relation avec l'homme qu'elle a aimé et qui l'a trahie en l'abandonnant, telle une bougie solitaire se consumant d'un feu inextinguible alors qu'elle avait illuminé sa vie et comblé de sa tendresse. Dans cette signification temporelle, le poids social est le déclencheur de cette image :

> *« Je regardais une bougie que la flamme avait consumée à moitié tandis que, étendue sur le divan, j'ouvrais mon cœur à toutes les sensations de la vie. De là où j'étais, j'écoutais le ressac de la mer et je pensais à Djedda. »*[30]

Ce qu'elle fixe des yeux, c'est son alter ego reflété par une bougie qui est sur le point de s'anéantir, au seuil de l'expiration à la fois du temps et du sujet.

On retrouve cette dramaturgie intériorisée du temps dans l'espace, mais différemment, dans *Des trompettes en papier :*

---

[29] Ibid., p. 33.

[30] Leïla Aj-Jhanni, p. 40.

« Les bougies sont disséminées à travers l'appartement, attendant qu'il les allume. Il se souvient de ces torrides journées quand il allumait les bougies. Il fond et monologue avec la geôlière dorée de son cœur. »[31]

Le verbe *« fondre »,* qui souligne l'état de liquéfaction du personnage, fait penser à la fusion du temps tel qu'il est remémoré intérieurement dans le lieu où cette représentation est apparue instantanément. Le retour au passé a une signification temporelle liée au soliloque par le biais duquel le personnage emprunte la caractéristique de la bougie qui fond progressivement.

4. L'intertextualité poétique

Dans *Le Paradis désolé*, le texte poétique se révèle dans le monologue du personnage :

« Que je suis misérable ! Dans quelle direction dois-je planer,
Irrité à l'extrême et infiniment malheureux ?
Dans quelque direction que je vole, c'est l'enfer…
Moi-même je suis un enfer. »[32]

Ces vers qui pastichent John Milton, montrent l'usage que fait la romancière de l'idée essentielle de la perte de l'espace, mise en relief par le poète anglais, auteur du *Paradis perdu* (*paradise lost*), épopée poétique publiée en 1667 et dont le titre a inspiré l'auteure du *Paradis désolé.* À travers le choix d'un tel titre, la romancière est en interface avec un autre poète, T.S. Eliot, auteur de *La Terre désolée*[33] (*The Waste land*), poème épique écrit en 1921.

S'inspirant de l'écriture sainte des Pères de l'Église, Milton construit, en douze chants, une parabole mythique sur le combat de Satan et des Anges, sur le péché originel et l'expulsion d'Adam et d'Eve du Paradis, sur la déchéance d'un

---

[31] Abu-Ali, *DTP*, p. 18.

[32] Leïla Aj-Jhanni, *PD*, p. 37.

[33] T.S. Eliot, auteur de *La Terre désolée*, éd. Seuil, première édition 1947, deuxième édition 2006, édition bilingue.

monde plongé, désormais, dans le désespoir et l'anarchie. Dans ce texte écrit dans une langue ardue, émaillée de latinismes, d'hellénismes et de néologismes, selon un mouvement elliptique et discontinu, le poète britannique parle d'un univers où le religieux se mêle étroitement au politique. Quant à Eliot, lui aussi adepte d'une écriture fragmentaire et syncopée, il confronte l'humanité ancienne à celle des temps contemporains, le mythe à la réalité, faisant le portrait, dans la foulée du grand désastre de la Première Guerre mondiale, d'un monde qui périclite moralement et politiquement.

Aj-Jhanni parle, pour sa part, d'une réalité locale relative à la désintégration de Djedda et dont les débris saignent l'intériorité de Saba, une jeune femme brisée. Le monde dont elle dresse, selon l'état d'âme de son personnage principal, un constat désenchanté et désabusé, est donc nettement éloigné de celui des deux poètes et la seule affinité avec eux se limite à ce seul signe péritextuel qu'est le titre. Mais les trois écrivains semblent partager la même vision selon laquelle l'écriture en tant qu'acte artistique est une expérience dont le principal aiguillon est la douleur.

Dans *Le Paradis désolé*, la représentation de Djedda se fait par le biais de la réminiscence du personnage féminin, selon une image qui est symboliquement dépositaire de l'effacement des repères toponymiques de cette ville. La souffrance de Milton reflète celle de Saba, personnage en butte à la déception, à l'anxiété et à l'interrogation relatives à la vacuité du lieu. Le sujet de l'épopée est, justement, celui de *« l'homme tiraillé entre les forces du bien et celles du mal »*[34], pour reprendre la définition de Milton.

Dans ce roman, cette adaptation à vocation poétique est présente également à travers le recours du personnage féminin à un texte poétique moderne, celui du poète palestinien Mahmoud Darwish :

---

[34] John Milton, op. cit., p. 55.

« Il ne me reste plus de présent

Pour que je passe demain

Près de mon passé. »[35]

Dans cet extrait, la perte du temps est le prolongement du sentiment de celle du lieu que le poète éprouve et qui pèse sur les deux êtres : d'une part, le poète qui assimile la Palestine au temps perdu et, d'autre part, Saba, le personnage, qui voit dans la perte de son temps la perte de Djedda. C'est ce qui justifie son recours à cette langue poétique qui traduit ce qu'elle ressent au fond d'elle-même.

5. L'espace d'origine et l'Occident

Le *Paradis désolé* envisage le lieu perdu dans le voisinage avec la signification occidentale, par le biais d'une culture étrangère qu'incarnent *Le Paradis perdu* (*Paradise lost*) de John Milton et *La Terre désolée* (*The Waste Land*), de T. S. Eliot. Dans ce roman, le personnage féminin est influencé par la culture occidentale et a une grande connaissance des chaînes satellitaires et des livres publiés à l'étranger. Il est sous l'emprise d'une crise psychologique causée essentiellement par Djedda qui devient le symbole des villes les plus développées, constituant une aire d'interférences avec les affluents culturels venant de l'étranger. C'est ce qu'illustrent les propos que les gens échangent en dialectal sur les accessoires des chaînes satellitaires, comme les antennes paraboliques perçues en tant qu'objets malsains qui incarnent une invasion culturelle dont l'influence sur le lieu n'est plus à prouver. En voici un exemple :

« Voilà tout ce que la parabole **[dish]** *nous a fait gagner. Que Dieu maudisse les Juifs ! »*[36]

Cet extrait est révélateur du danger de ces transformations culturelles qui commencent à envahir nocivement les domiciles et les autres lieux. Le personnage principal décrit ce

---

[35] Leïla Aj-Jhanni, *PD*, p. 86.

[36] Leïla Aj-Jhanni, *PD*, p. 35.

contact de l'espace autochtone avec la culture exogène selon des niveaux dont la plupart sont négatifs. Il met l'accent surtout sur l'invasion civilisationnelle qui affecte des villes saoudiennes, dont notamment Djedda qui se soumet à cet intrus débarquant de l'étranger, chargé de ses images de marque économiques et de son luxe affiché. Djedda n'est plus un espace authentique et naturel, mais hybride et dénaturé et dont le véritable visage est beaucoup plus proche de l'industrie occidentale. Le personnage ressent intérieurement le contrecoup de cette perte de ses racines identitaires, causée par cette vague de bouleversements qui ont investi tous les lieux. Ce côté négatif de la civilisation dans ses rapports avec l'espace, est à l'image du personnage déstabilisé au fond de lui-même par cette nouvelle civilisation et par l'absence de prise de conscience du terrible changement qui se produit et qui commence à éroder le lieu originel, comme le montre le portrait que fait le personnage de la ville de Djedda, par l'entremise du soliloque et de ses questions intérieures :

> *« Depuis quand les gens ont-ils commencé à marcher dans les rues de Djedda en compagnie de leurs chiens ? Depuis quand, Khalida, Djedda porte-t-elle des habits qui ne sont pas les siens et chante-t-elle ce qui ne l'égaye pas ? »*[37]

Le spectacle de la promenade avec les chiens dans les rues est une singerie de l'Occident. Quant à la métaphore vestimentaire, elle souligne le dérèglement civilisationnel vécu par Djedda qui subit l'influence de l'espace étranger. Le personnage souffre de la profonde sensation du *« choc des civilisations »* que les sociétés arabes vivent encore d'une manière passive et résignée. Parlant toujours de cette ville, elle dit :

> *« C'est une ville qui oublie vite ses malheurs. Tout y passe très vite. Même les gens ont appris à passer vite. Djedda, cette ville qui a changé de visage. Ses rues sont remplies de McDonald's, de Pizza Hut, de Baak et de Hardee's. »*[38]

La signification de la civilisation réside dans la frénésie qu'elle impose à tous les niveaux si bien que l'homme devient

---

[37] Ibid., p. 12.

[38] Leïla Aj-Jhanni, *PD*, p. 41.

une machine commandée par la nature de l'ère de la technologie. Des restaurants, tels McDonald's et tant d'autres, sont des produits occidentaux importés qui n'ont rien à voir avec la société saoudienne. Ce qui prouve que la signification de cette civilisation se limite aux seules formes et apparences et que la société n'est pas consciente de ses accumulations qui visent à évacuer le lieu d'origine et à le vider de son authenticité, comme le soulignent des phrases telles *« Depuis quand Djedda porte des habits qui ne sont pas les siens et chante ce qui ne l'égaye pas ? »* ou *« Djeddah, cette ville qui a changé de visage »*. Cette ville s'est transformée, elle porte un masque et tourne le dos à son image originelle en se drapant d'une civilisation qui n'est pas la sienne, ce qui influe beaucoup sur la nature des gens, sur leurs idées et sur leur vécu.

Dans ce roman, il y a une scène saisissante qui résume la rupture radicale du personnage avec la civilisation et la culture occidentales. Saba, au paroxysme de la colère et de l'abattement, brûle tous les livres de littérature anglaise qu'elle aimait beaucoup lire. À ses yeux, c'est cette culture étrangère qui a envenimé son esprit et qui l'a conduite à la dérive et au péché. Cette littérature fait de l'amour un idéal suprême qu'il faut vivre sans calculs ni égoïsme. Or, Saba se rend compte de l'écart énorme entre l'idéalisme de la fiction et les dures lois de la réalité. Ce qui est poignant dans l'acte qu'elle accomplit, c'est qu'elle suit attentivement des yeux la souffrance des pages et des papiers dans les flammes, avec une sorte de ravissement vengeur :

> *« Je les ai regroupés ce soir et voués au feu dans un bidon à la terrasse. Je les ai jetés livre par livre. L'odeur du papier calciné m'emplissait les poumons. Les noms, les lieux et les lignes étaient suppliciés dans l'enfer et peut-être me maudissaient, oui me maudissaient comme me maudiront les gens plus tard. »*[39]

Au crépitement du feu et aux contorsions du papier répondent les battements du cœur de Saba et le tremblement de tout son corps. À travers cet autodafé de livres, c'est, en réalité, tout son être qui est détruit et qui part en fumée.

---

[39] Leila Aj-Jhanni, *PD*, p. 7.

Ce roman n'explicite la nature de l'espace occidental que pour mieux faire ressortir l'influence négative qu'il exerce sur l'espace autochtone. C'est ce qui confère beaucoup de densité à la représentation du conflit de ces deux entités civilisationnelles (Orient/Occident), centrée sur la mise en relief de la fragilité de certains pays qui accueillent à bras ouverts cette industrie et cette culture provenant de l'étranger ainsi que sur la naïveté de quelques personnages qui sont vite subjugués par la culture occidentale.

II. *KHÂTEM* : UNE TRAGÉDIE MECQUOISE

Khâtem est le cadet des enfants du Cheikh Nessib qui s'est habitué à ce que sa femme le gratifie à chaque naissance de deux jumeaux, une fille et un garçon. Si toutes les filles ont survécu, les garçons, en revanche, sont tous morts. Lors du dernier accouchement, naît Khâtem (l'ultime, celle qui conclut). Ni mâle ni femelle, Khâtem est androgyne. À la maison, elle s'habille en femme, mais dehors, elle se déguise en homme, si bien qu'elle mène une vie déchirée entre deux mondes, comme si elle tissait un habit sur mesure pour l'événement social qu'elle vit. En effet, l'extérieur de l'espace ne ressemble jamais à son intérieur. Cette tragédie de la différence d'un sujet pris dans le traquenard de ses contradictions internes est poussée à son extrême expression dans *Khâtem*. C'est autour de cette idée que s'ordonne ce roman dans l'image qu'il se fait d'un espace rattaché à la société conservatrice mecquoise durant une période où l'Empire ottoman étendait son autorité sur le Hidjâz.

1. De la territorialisation à la déterritorialisation

Dans *Khâtem*, le voile est celui de la question sociale qui ne cesse de tarauder la jeune fille dans l'espace et dans ses univers intérieurs relatifs au monde des femmes. Figure par excellence de l'altérité, et par là, opposé à l'identité de soi, le masque est pour Khâtem à la fois une source d'assurance et de détresse. La fonction de la société est de territorialiser, de délimiter pour le déplacement de chaque sexe des cadastres bien établis, n'admettant pas que les frontières tracées soient interverties ou infiltrées. Or, avec son travestissement, Khâtem déterritorialise, s'autorise une mobilité et une liberté de manœuvre qui sont absolument interdites. Le masque libère les énergies, transgresse les prescriptions et les règlements et c'est à ce titre qu'il fait peur. La jeune fille est parfaitement consciente que la double identité qu'elle porte est l'armure qui lui permet de défier ses adversaires et de battre en brèche subtilement leurs lignes de défense, à l'instar, quoique dans un autre contexte, de Hakim Al Moqannâ, le prophète voilé de Khorassan qui, au VIIIe siècle, de 160 à 163 de l'Hégire, tint en échec les armées du Calife grâce à un masque d'or qu'il s'était fait faire et dont il ne se départissait jamais. Mais Khâtem n'est pas une guerrière invincible et l'auréole que lui confère son déguisement risque à tout moment d'être réduite en miettes. Le masque dont se sert un chevalier légendaire pour repousser l'ennemi est un artefact métallique fixe tandis que celui de Khâtem, cette fille fluette de corps et olivâtre de visage, relève d'un choix existentiel à haut risque.

Pour cette jeune fille mecquoise, l'ambivalence sexuelle qui lui colle à la peau est synonyme de perpétuels déchirements et tiraillements. Zeryeb, la musicienne d'Alep, qui la prend sous sa protection, le sait parfaitement :

> « *Une fille dans l'accoutrement d'un garçon, Khâtem un être humain, et comme ils nous ont ravies aux nôtres, ils l'ont ravi à son corps et transféré à un autre qui n'est ni mâle ni femelle. Femme dans les festivités et les festins et homme dans les prières. Quelle langue peut parler le corps de cet être humain ? S'il se livre à la coquetterie, et s'y plaît, où trouvera-t-il la masculinité pour porter un vêtement ? Et aussi dans la passion : jouera-t-il de l'aiguille ou du dé ? Elle n'est pas parvenue à expliquer cette inquiétude dans le corps de Khâtem, cette déperdition quant au corps et à sa langue, un corps enfermé dans deux langues, marmonnant ainsi tant dans l'une que dans l'autre, de celle de la femelle à celle du mâle selon leurs cérémonies. Le doute était, désormais, dans les deux visages, ne se fiant ni à la femelle ni au mâle, se retournant contre les deux. Il ne savait plus comment durer dans un visage et réfréner une*

illusion qu'ils transposaient dans les cérémonies qui voulaient un visage contraire à tout instant. »[40]

Dans une société mecquoise fermée qui ne transige pas sur les règles à suivre et sur les normes auxquelles il faut obéir, Khâtem est une étrangère. Diurne et nocturne, implantée dans un milieu dont elle se joue sans cesse, elle s'invente une configuration spatiale et temporelle où s'annule la distinction entre la mêmeté et l'altérité. Dans l'expérience du devenir étranger, il ne s'agit pas de séparer l'Un de l'Autre, mais d'investir au cœur même d'un projet identificatoire, une altération de l'identité qui bouscule la certitude d'une complétude existentielle. Par son évanescence, par la malléabilité de son inscription duelle, l'étranger est d'emblée un personnage qui met en scène l'élaboration d'un travail de deuil dont il est lui-même l'acteur. C'est ce deuil d'une identité irrémédiablement perdue qui tourmente Khâtem et qui la meurtrit. Zeryeb qui ressent vivement l'intensité de ce clivage, cherche à la rassurer en lui racontant son histoire personnelle et familiale :

« Moi aussi mon père m'a fait endosser un prénom masculin. Comme il adorait le chant et Zeryeb l'Andalou, il m'a appelée de son nom. Mon père se désaltérait de musique, comme un assoiffé, et puisque j'étais sa fille unique, il n'a trouvé que moi pour varier ses solos. Il m'appelait lorsqu'il était content de moi : "Ô luth, ô délectation !" »[41]

Pour cette femme forgée et aguerrie par les épreuves de la vie, l'ambivalence sexuelle de l'être humain est naturelle et il n'y a aucune raison d'en avoir honte ou d'en souffrir. *« Nous sommes tous mâle et femelle »*[42], lance-t-elle avec colère à ses camarades musiciennes, ahuries par cette affirmation. Mais la complicité et l'amitié indéfectibles que lui témoigne sa protectrice ne désamorcent pas les interrogations pressantes que se pose Khâtem sur les dilemmes de son identité. Elle a peur de se voir dépossédée de son diadème phallique et de ne

---

40 Raja'a Alem, *KH*, p. 140.

41 Raja'a Alem, *KH*, p. 142.

42 Ibid., p. 141.

plus pouvoir jouir de la mobilité souveraine que lui procure son vêtement masculin :

> *« Pendant les nuits alors qu'elle veillait, elle commandait à son corps de s'attacher entièrement à sa qualité féminine, de se débarrasser de toute la mémoire du mâle et de ses conséquences. Elle plongeait dans ce désir, mais aussitôt se ressaisissait avec frayeur : et si je perdais définitivement le chemin du mâle… ? Alors là, aucune porte ne s'ouvrira devant elle sur la route et sur les surprises, les descentes et les trésors de la pente déclive. Une frayeur qui se transformait en un cauchemar à l'idée de perdre ce pouvoir qu'elle portait dans le vêtement d'un mâle et auquel elle donnait libre cours comme un paon, sur les sentiers de la montagne. Une force considérable dans cet habit et qui lui permettait d'ouvrir et de fermer à sa guise des portes, d'avoir accès autant qu'elle le voulait à des corps et de les refermer. Une force à laquelle elle s'est habituée et dont l'extirpation devenait comme une castration radicale et irrémédiable, tellement cette force était capable d'exister en liberté. »*[43]

L'être humain va à son trépas nu et à visage découvert. Les guerres sont déclenchées aussi pour mettre fin au règne des masques. Mais que faire lorsque la fièvre du travestissement brouille toutes les cartes ? *Khâtem* se termine par la terrible nuit au cours de laquelle La Mecque est mise à feu et à sang à la suite de la discorde civile qui éclate entre des factions rivales pour le contrôle de l'Émirat. Cheikh Nessib se retranche avec les siens dans un des caveaux de sa demeure ancestrale, après avoir pris soin de brûler tous les vêtements masculins de sa fille qui est sommée de ne pas quitter son accoutrement féminin. Dans leur cachette, le père et la mère observent leur fille, assaillis par le doute et par la peur. Ils se cachent, mais de quel pouvoir disposent-ils pour protéger Khâtem d'elle-même ? *« Quelle partie en elle va se trahir et dévoiler son secret ? »*[44], se demandent-ils. L'ordre est donné aux soldats d'éliminer tous les mâles et de les traquer sans répit. Mais comme la méfiance est partout, on leur ordonne de fouiller aussi entre les cuisses de chaque personne pour s'assurer de son sexe.

Dévêtue et agressée dans son intimité physique, Khâtem ne dit rien. D'ailleurs, aucun cri ne sort de la maison où seul

[43] Ibid., p. 176.

[44] Raja'a Alem, *KH*, p. 249.

domine le *« silence d'une mort »*[45] annoncée. Saccagée et incendiée, la forteresse de Cheikh Nessib n'est plus qu'un *« géant châtré au milieu de la multitude des rubans rouges, et dans son ombre s'est enroulé le corps blafard sur la verdeur de son ombre déteinte »*[46]. Cette demeure qui est dépositaire de la généalogie de toute une famille subit l'humiliation d'une castration radicale. Khâtem, corps inerte gisant sur la route, nue, le sexe exposé aux regards malsains des gens, est une castrat. Vus d'en haut, la montagne et le Haram mecquois ne sont plus qu'une *« mer de rougeur dont l'orbite est le cœur d'un morceau de charbon »*[47]. Le sang et la cendre, le rouge et le noir, le sceptre du masque et son spectre, le sexe caché et le sexe dévoilé, le corps phallique et le corps asexué, l'éclat de l'ombre et sa dégénérescence : autant d'associations et de dissociations qui soulignent l'inexorable amputation qui a affecté aussi bien les lieux que les êtres humains.

2. Le corps : un espace clivé

Le déchirement du personnage entre deux sexes et deux mondes constitue une sorte d'oscillation entre des événements sociaux à travers lesquels la jeune fille parle des problèmes de l'amour et du corps. On dirait qu'elle comble un manque dans une société qui lui trace un cadre dans lequel elle ne peut pas vivre. Les problèmes sociaux relatifs à l'amour et à la passion se transforment en une crise qui affecte les us et les coutumes d'une société fermée sur elle-même. C'est ce qui pousse Khâtem à faire de fréquents retours sur elle-même et à se poser des questions sur la raison pour laquelle elle s'habille en homme alors qu'elle est une femme :

[45] Ibid., p. 251.
[46] Ibid., p. 254.
[47] Ibid., p. 254.

« Pourquoi ce corps se met-il à trembler de peur ? Je ne l'ai pas senti et, brusquement, il a commencé à haleter comme si, au bord du précipice, il avait hâte de choisir ? Pourquoi refuse-t-il de céder aux verrous ? »[48]

La signification sociale de l'espace réside aussi dans le symbolisme sexuel et érotique des serrures qui souligne le désarroi de Khâtem déchirée entre la jouissance physique et la répression que lui font subir les coutumes et les idées phallocratiques du milieu ambiant. Par son discours social, l'espace masculin annule l'identité de cette femme, la façonnant ainsi en fonction de sa propre vision et de sa propre nature. Le monologue intérieur est, alors, de mise :

« Crois-tu que ce corps est un choix ? Est-ce que Cheikh Nessib seul a l'exclusivité de tout choix ? Est-il le maître de ce corps ? Qui décidera de trancher si je suis un mâle ou une femelle ? Quand ? Et pourquoi soulèves-tu cette question qui me plonge dans l'insomnie maintenant ? »[49]

Le corps lui-même constitue un espace qui a sa signification symbolique issue des modes sociaux qui imposent à Khâtem un visage différent de sa réalité féminine. Le monde extérieur devient, ainsi, une négation de la vérité humaine. Les questions que soulève Khâtem représentent à elles seules une sorte de quête de l'identité perdue. C'est la situation de la femme assiégée où qu'elle soit. En effet, il n'y a aucune unanimité sur sa féminité.

« Si sa féminité et intégrale, c'est un être humain qui ne pense pas et qui n'est libre ni de choisir ni de travailler, les pouvoirs sociaux le mettant sous tutelle. Mais si elle se distingue par les qualités de la force et de l'intelligence, c'est une créature féminine inachevée que le machisme rejette et considère comme un opprobre qui porte atteinte au respect qui lui est dû, d'autant plus que c'est une créature originellement incomplète »[50], écrit Rafiâa At-Talai'i.

Dans ce roman, le corps est au centre de toutes les interrogations, l'endroit du récit où se surdétermine la question cruciale de la délivrance et de l'émancipation. Face à la négativité structurale de l'imaginaire social qui brime le corps

---

[48] Raja'a Alem, *KH*, p. 234.

[49] Ibid., p. 234.

[50] Rafiâa Al-Talai'i, *L'amour, le corps et la liberté dans le texte romanesque féminin*, éd. Al-Intichar Al-Arabi, Beyrouth, 2005, p. 207.

et diabolise l'érotisme, il faut rétablir l'aspiration naturelle du corps au désir et à la jouissance. *Khâtem* est à ce titre le roman de la quête éperdue par une jeune fille divisée en deux parties d'une harmonie salutaire, de sa féminité spoliée. Dans une scène troublante, Khâtem dévisage les pierres, décrites physiologiquement comme des corps humains, juchées sur la montagne, entièrement inclinées vers les profondeurs de la terre.

« Ceci est un corps qui ne lève son regard ni vers le ciel ni vers les visages... Un corps dont seule la pierre est le ciel et le visage »[51], se dit-elle.

Khâtem veut fondre la pierre, briser le socle de tout masque derrière lequel se cachent le visage et le cœur, retrouver la sève qui irrigue les envies et les désirs. Ces pierres qui portent les *« sédiments du temps, du silence et de la cécité »*[52] ont elles aussi leur intériorité. L'équilibre dont se prévalent ces amas de rochers surplombants est difficile à maintenir et un jour ou l'autre tout finira par tomber. Une scène hautement symbolique dans laquelle s'affirme la nécessité d'une expérience du précipice, ou de ce qu'appelle Roland Barthes dans *Fragments d'un discours amoureux*, *« l'abîme »*[53], c'est-à-dire la vive sensation de dissolution qui se saisit du sujet et où il atteint les limites de sa vérité existentielle, les contraires qui se disputent en lui se résolvant dans une seule et même unité.

3. L'énergie épanouissante de la musique

C'est la musique qui réalise ce miracle d'un corps réconcilié enfin avec lui-même. Dans la plupart des romans féminins saoudiens, les chansons sont fortement présentes et constituent une bouffée d'oxygène et une évasion pour des personnages déçus par la vie. Dans *Khâtem*, le chant qui puise ses sources dans le patrimoine musical arabe ancien et autre,

---

51 Raja'â Alem, *KH*, p. 95.

52 Ibid.

53 Roland Barthes. *Fragments d'un discours amoureux*, éd. Seuil, coll. « Tel Quel », Paris 1977, p. 15.

n'est pas un intermède de circonstance, mais un choix de vie, une exigence d'existence, une riposte aux restrictions sociales imposées, bref un anti-destin. La musique, ce *« dialogue du corps avec le corps »*[54], comme c'est dit dans le texte, éveille les ardeurs des sens, enflamme les passions et ouvre au sujet la voie d'un autre espace et d'un autre temps qui n'appartiennent qu'à lui :

> *« Au sein de son corps, un ciel, de son zénith à son crépuscule, et dans ce ciel elle empoigne un temps, de la canicule de midi jusqu'aux confins du coucher du soleil. Son corps se resserre sur une jeunesse galvanisée par ses forces magnétiques. Tout oiseau et toute lumière qui passent sont attirés par sa nudité enroulée sur le luth »*[55].

Le luth est le corps. Le corps est le luth. C'est Zéryeb, encore une fois, qui a les mots appropriés et hardis pour mettre en relief la quintessence de la musique et ses vertus de synthèse :

> *« Nous sommes tous mâle et femelle, mais tout est une question de temps. Quand dose-t-il son instrument ? À quel moment en joue-t-il pour qu'il danse un air féminin, et inversement ? Quand son instrument se libère-t-il pour se livrer à sa partition intégrale où dialogue la mélodie du mâle avec celle de la femelle dans la même résonance… »*[56]

Aux yeux de Zéryeb, la musique n'a pas de sexe. Il n'y a pas, d'un côté, une musique virile, et de l'autre, une musique efféminée. Elle ajoute :

> *« Le luth aussi a une moitié mâle et une moitié femelle : la corde et le plectre. Qui est l'une et qui est l'autre ? Et le corps du luth, celui-là même qui enfante les mélodies, n'est ni femelle ni mâle. »*[57]

La mort est du côté de l'indicible alors que la musique est du côté de *« l'ineffable »*[58], selon l'expression de Vladimir Jankélévitch. Lorsque les partisans du prince Ahmed, revenu au pouvoir, engagent leurs sanglantes représailles contre les insurgés dont fait partie Hilel, l'amant de Khâtem, et incendient les habitations, la parole et suspendue et le souffle

---

54 Raja'â Alem, *KH*, p. 113.
55 Ibid., p. 112.
56 Ibid., p. 141.
57 Raja'â Alem, *KH*, p. 141.
58 Vladimir Jankélévitch, *La musique et l'ineffable*, éd. Seuil, Paris, 1983, p. 93.

coupé. On n'entend rien, sauf le chant élancé d'Hilel et son rire hilare qui narguent l'ennemi[59]. La mort est la négation de l'être, une opacité insondable sur le mystère de laquelle il n'y a absolument rien à dire. Or, la musique *« qui se tait toujours ne m'envahit d'aucun discours »*[60], selon les termes de Barthes, elle est au-delà du langage, du sens, aérienne, fugace, infinie, *« tenant à cet inexprimable sur lequel il y a, infiniment, interminablement à dire. Où la parole fait défaut commence la musique, où s'arrêtent les mots, l'homme ne peut plus que chanter »*[61]. C'est ce que fait Hilel avec une souveraine insouciance dont on ne sait si elle est celle de l'amoureux ou celle du guerrier. Ce qui tue Khâtem et l'empêche d'entonner son ultime chanson, ce ne sont pas les conflits politiques et armés, mais l'insoutenable ambivalence même de sa nature de femme dans une société mecquoise impitoyable. La traque militaire, répondant de celle de la société, ne fait que déchirer le voile de la duplicité de Khâtem et sceller son glas.

4. L'écriture : musicalité et tonalité

La musique érotise la vie et le monde, confère à celui qui en est possédé la sensation d'appartenir au cosmos tout entier, de découvrir que son corps a une mémoire universelle, tel un miroir qui réfléchit la vérité du temps dans sa rotation intégrale[62]. C'est ce que dit à Khâtem un personnage du nom de *« Safar Yâkout »* qui adore les pierres précieuses, notamment l'émeraude verte, ainsi que le cœur qui les fait battre et les secrets qu'elles renferment. La musique est partout, y compris dans le texte et sa langue. Dans *Khâtem*, il y a une érotologie de l'écriture qui se manifeste non dans l'unité de la phrase, mais dans la mélodie des mots qui s'entêtent à faire jaillir, contre la carapace vieillie du langage, un timbre et un phrasé nouveaux,

---

[59] Raja'â Alem, *KH*, pp. 251-252.

[60] Roland Barthes. *Fragments d'un discours amoureux*, op.cit., p. 328.

[61] Vladimir Jankélévitch, op. cit., p. 93.

[62] Raja'â Alem, *KH*, p. 96.

à l'instar de Khâtem qui aime déterrer les pierres pour voir ce qui se cache dessous. Les pierres sont des corps. Le luth est un corps. Les mots sont aussi des corps érogènes qu'on malaxe et pétrit, qu'on maintient en haleine et qui, dès qu'ils se manifestent dans leur sensualité et entament leur danse, *« révèlent une partie de mon corps »*[63], comme le dit Safar Yakout. Ce que retient Khâtem des propos magiques de ce passionné du *« voyage du rubis » (« Safar Yakout »)*, comme son nom l'indique, de ce déchiffreur de leurs intériorités substantielles, ce n'est pas ce qu'ils veulent dire, mais ce sont la musicalité et l'aplomb sonore qui les habitent :

> *« Khâtem a moins capté le sens qu'elle ne s'est souciée de capter ce rythme destinal et éternel dans sa voix. Ce ne sont pas les sens de ces mots qui l'ont saisie, mais leur effet. Un rythme de confession et de dévoilement, celui d'une âme qui rend son souffle pour entrer dans une musique universelle. »*[64]

La société a ses conventions. Le langage a aussi les siennes. Dans l'écriture, notamment romanesque, on ne débusque pas la doxa sociale et ses formes pétrifiées au moyen de manifestes, de discours directs où le sujet opprimé se lamente à satiété sur son propre sort, comme on le voit dans plusieurs romans féminins saoudiens. Dans l'écriture, ce qui prime, ce sont le signifiant, sa vigueur et son dynamisme. Dans *Khâtem*, la musique n'est pas donc un thème, mais une figure qui structure de bout en bout la partition de ce roman.

III. La direction de la boussole : la mémoire des morts

Dans le roman de Noura Al-Ghamdi *La direction de la boussole*, le discours qui articule et qui détermine le récit des événements, permet à la voix de la femme de s'élever et d'éclipser la réalité de l'homme. En effet, l'héroïne y est morte depuis longtemps, mais la mémoire reprend le dessus et

63 Ibid., p. 96.

64 Ibid., p. 96.

accapare l'esprit des personnages féminins, annonçant par là leur abdication devant les postulats et les lois de l'homme. Mais ce dernier tombe lui-même dans les rets du temps. La lignée des mâles disparaît et seule la mémoire des femmes demeure vivante sur terre.

1. L'espace statufié

Les facteurs extérieurs influent sur l'espace, tels les conflits politiques dont, entre autres, la guerre du Golfe qui a clairement déterminé la nature de la description que font les personnages du lieu. Le roman de Noura Al-Ghamdi *La direction de la boussole*, est dominé par une telle ambiance. Il a pour cadre un village situé aux confins du sud de l'Arabie Saoudite, dont on ne sait s'il est réel ou imaginaire. Dans ce patelin, l'heure semble répéter l'heure et des traditions séculaires fondées sur l'asservissement des femmes, sont imperturbables. La guerre du Golfe de 1991 qui survient avec ses ravages, au lieu de changer la situation, ne fait qu'entériner l'état d'immuabilité derrière lequel se barricade ce milieu tribal.

Tel qu'il est restitué par le biais du monologue des personnages, l'espace paraît inerte.

> *« La chambre qui a vu la mort de Fodha est encore debout, bien qu'une partie de la vieille maison soit tombée en ruine et qu'elle ait été restaurée par Es-Sebti pendant la guerre. Elle était encore debout, cette chambre carrée avec sa large fenêtre. Elle incite quiconque se trouve à l'intérieur à observer le quinquina, cet arbre de dessous duquel l'ange de la mort est sorti pour envelopper de ses ailes immenses le corps de Fodha et l'emporter à travers les cieux vers les étendues inconnues »*,[65] dit la narratrice.

La chambre carrée et l'arbre séculaire semblent être pour Fodha des lares domestiques qui jouissent de cette survie dont elle a été privée. En effet, la chambre est toujours là, et même si une partie de la maison a été détruite lors de la guerre du Golfe, quelqu'un l'a restaurée. Mais l'équivalent objectif entre le personnage et l'arbre à travers la description mnésique de la

---

[65] Al-Ghamdi, *DB*, p. 56.

survie fait de l'image de la chambre une image à demi amputée de vie. En effet, celle-ci n'est pas morte à l'inverse de Fodha, mais une partie en est démolie et n'a pu survivre contrairement au quinquina, devenu centenaire. La chambre est donc liée à la mort de l'héroïne qui, quoique réellement disparue, n'en est pas moins vivante de par sa relation avec la mémoire du lieu, restée intacte.

De par son acception philosophique, la mort se rattache à l'immobilité du lieu et à sa fixité. En effet, le tombeau est un endroit figé qui annule le mouvement, la vie et la perpétuation de l'espèce. Dans ce roman, ce sont les événements relatés qui nous permettent d'appréhender cette chambre dont l'atmosphère est dominée par la mort, tout comme ce fut le cas antérieurement pour les autres personnages. En effet, la représentation qu'ont ces derniers de l'espace souligne qu'ils sont sous le choc de la guerre du Golfe et de l'image de Bagdad en flammes.

2. La figure directionnelle

Dans *La direction de la boussole* de Noura Al-Ghamdi, l'événement global exerce son emprise sur un seul personnage qui réduit une multitude de faits à un événement essentiel et unique. C'est ainsi que la mémoire des morts s'empare de ce personnage qui se rappelle la vie de ces disparus, tels qu'ils se représentent le lieu. Le tiraillement et l'anxiété qu'éprouvent ce personnage et les autres vis-à-vis de l'existence, soulignent la perte du lieu et l'indécision qui entoure la direction à suivre. La notion de *« Direction »* suppose plusieurs niveaux, dont entre autres, la *« direction spatiale »* et la *« direction temporelle »*. Les personnages sont dispersés dans l'une comme dans l'autre, du moment qu'ils ignorent la direction de la boussole, titre du roman. Au sujet de cette relation étroite de la direction avec l'espace, Saleh écrit :

> *« La nature des directions confère à l'espace deux valeurs différentes. La première, abstraite, s'appuie sur des notions que peut désigner un terme emprunté au domaine des directions comme l'idée* ***"d'oriental et d'occidental"****, ou celle de* ***"ni***

***oriental ni occidental"**, ou l'idée de la **"Kibla"** (la direction de la Mecque). La seconde, concrète, est fondée sur la description géographique d'un site donné sur la surface de la Terre. Les directions ont été employées dans le roman pour exposer les deux valeurs ensemble. »*[66]

Noura Al-Ghamdi recourt à la figure directionnelle probablement pour jouer de l'espace et du temps simultanément, tout en privilégiant une méthode qui pourrait nous faire douter de la nature de cette direction, surtout que la boussole a une signification spatiale et non temporelle. Quelle est au juste la direction de cette boussole ? Dans ce roman, la boussole suppose une infinité d'interprétations dictées par le titre, non révélées par les personnages, mais uniquement par l'événement. En effet, c'est l'événement seul qui montre que cette boussole n'a pas seulement pour rôle d'indiquer la direction, mais de raconter aussi la guerre du Golfe et les bouleversements subis par les lieux à l'intérieur des personnages. Le tombeau est ainsi érigé en témoin absolu de toute chose et la mort devient la destination des personnages.

Ce roman fait revivre des événements qui se recoupent avec un seul personnage qui interfère avec celui de Fodha, décédée depuis longtemps.

> *« Fodha vit mon histoire tout entière. Même après sa mort, elle me fait entendre ce qui s'était passé »*[67], dit-elle.

L'événement est global dans la mesure où, dès le début, le personnage persiste à en préserver l'unité, ramenant tous les faits évoqués, malgré leur diversité, à un seul événement qui connote le néant, la déperdition ainsi que l'imprécision de la direction de la boussole. C'est à cette totalité événementielle que tend le personnage, à travers l'évocation des disparus, tels Barka, Sebti et notamment Fodha dont la mémoire se rattache à cet espace clé, le tombeau :

> *« Bonjour, ô tombeau de Fodha ! Bonjour, ô tombeau de Sebti ! Bonjour, ô tombeau de Barka ! Bonjour, à vous, chers disparus ! »*[68]

---

66 Saleh, *Les questions de l'espace romanesque*, op. cit., p. 90.
67 Al-Ghamdi, *DB*, p. 25.
68 Al-Ghamdi, *DB*, p. 21.

Par le biais du monologue intérieur du personnage, la guerre du Golfe s'impose à la mémoire, comme le montre la configuration d'un lieu qui semble plonger ses racines dans le passé malgré les interférences temporelles du même événement dans le roman. On dirait que ce conflit politique n'est, en fin de compte, qu'un conflit intérieur qui vise les personnages évoqués. Mais les décrochements temporels entre les personnages entraînent une dispersion mentale dans le récit de cette guerre, rendant difficile la délimitation de l'événement total qui s'égare dans des données qui scellent, généralement, la fin de quelque chose. La mort et le tombeau font leur apparition pour trois personnages en même temps. La mort de Bagdad engendre également celle du personnage qui avait fusionné avec cette ville, comme il l'avait fait auparavant avec Fodha. Le personnage fait l'oraison funèbre de ces morts, notamment Fodha, et de Bagdad dans sa réalité politique.

L'événement total est lié à ce requiem collectif, comme le souligne l'inquiétude manifestée par le personnage devant l'avenir qui est assiégé par des lieux dont les coutumes brandissent le terme de *« tabou »*.

> *« Je ne veux pas rester seule. Il n'est pas facile pour quelqu'un comme moi de dénicher un compagnon. Le mot* **"tabou"** *me poursuit sans cesse.*
>
> *Je me souviens qu'un jour, alors que nous revenions chez Es-Sebti, le jour où Bagdad a brûlé, j'ai dit à Fodha que j'avais peur de Thameur »*[69], se dit-elle.

Elle poursuit plus loin :

> *« La prophétie s'est accomplie. Il faut que les flammes dévorent avec Bagdad une femme qu'ignore la direction de la boussole. »*[70]

L'ignorance de la direction à prendre est un élément essentiel dans la perplexité de la romancière saoudienne quant à la délimitation de l'image spatiale de l'événement total, à cause de la guerre du Golfe qui provoque le dépérissement de l'espace et qui fait naître chez les personnages la sensation que leur vie n'a plus de sens. La chute de Bagdad est le

---

[69] Ibid., p. 32.
[70] Ibid., p. 28.

prolongement de la perte de la mémoire vécue par l'héroïne dans son monologue intérieur, si bien que son problème s'accentue et englobe la détresse politique à l'extérieur, faisant de la mort l'issue fatale de ces personnages qui vivent leur vie dans les limbes du souvenir. C'est ce qui entraîne une autre déroute dans la connaissance des petits éléments et des détails de la vie de chaque personnage, tel qu'il évolue dans le temps. C'est ainsi qu'Es-Sebti qui meurt avant d'achever le récit de la geste de l'ancêtre suprême, adopte la même démarche que Barka qui, elle aussi, oublie de finir la geste de l'aïeul qu'elle résorbe dans l'image du Purgatoire, évoquant ainsi les mânes de Youssef :

> *« L'ancêtre suprême, c'est le Purgatoire*
>
> *- C'est quoi, le Purgatoire, ma tante ?*
>
> *- Youssef est là.*
>
> *- Où ?*
>
> *- Au Purgatoire.*
>
> *- Mais Es-Sebti prétend que c'est un sanctuaire où les hommes ne peuvent ni résider ni dormir.*
>
> *- Mais je sens l'odeur de Youssef. »*[71]

Fodha ne peut pas être dissociée de la réalité de l'événement total dans la mesure où elle est morte dans l'esprit des personnages qui vécurent les faits qui s'y rapportent selon deux niveaux imbriqués si bien qu'il y a Fodha, la vieille, et Fodha, la petite fille. Chacune d'elles a son propre parcours qui est opposé à l'homme, comme le met en relief l'imprécision d'une configuration spatiale dématée qui fait que la vie se transforme en un vaste tombeau que les personnages rencontrent où qu'ils aillent.

3. La déperdition existentielle

Il est possible que le lien spatial entre tous ces problèmes, tels celui des classes sociales et du racisme, est le tombeau qui

---

[71] Al-Ghamdi, *DB*, p. 18.

exerce une attraction sur les personnages, et surtout sur Fodha qui s'insurge contre ce lieu funéraire, du moment qu'elle n'est pas morte. C'est ainsi que la narratrice dit :

« Fodha, ta contestation du monde qui t'entoure, tu l'as annoncée le jour où tu t'en es allée avec le tombeau de paille que les hommes du village t'ont préparé. Tu exultais en observant les fidèles accomplir la prière des morts sur une dépouille de coton et de paille. »[72]

La polygamie est également cruellement ressentie par une femme qui prend connaissance de la vérité des choses avant le mariage, vouée à être enterrée par la suite parmi de nombreuses femmes, mortes ou vivantes. C'est l'ensevelissement de la femme dans l'espace. Mais, la mémoire refuse d'effacer le souvenir d'une femme qui a pleinement vécu sa vie, en dépit de son épiderme noir, comme c'est le cas du personnage en question.

« Personne n'a condamné le troisième mariage de Hammoud... Personne n'a trouvé à y redire comme ce fut le cas lorsqu'il a épousé Fodha... Hammoud épouser Fodha... ! Bientôt elle lui donnerait un rejeton noir... »[73], dit la narratrice.

Cette polygamie complique davantage les perspectives d'avenir pour une femme qui ne sait quelle direction choisir et qui, partant, se blottit dans son linceul noir. Les lieux eux-mêmes tirent des personnages évoqués leur mémoire qui montre la nécessité de la polygamie, même si c'est par le biais de la couleur noire, afin de perpétuer et l'espèce et l'espace :

« La rivière ressemble à mon oncle dont la descendance s'est ramifiée, si bien qu'elle n'a plus une seule direction. »[74]

L'espace étant, désormais, à plusieurs voies, Es-Sebti le reconstitue par le biais de l'événement total de la mort, tel qu'il est présent dans le monologue du personnage féminin :

« Les quatre tombeaux... Le tombeau de paille, le mien, celui de Barka et celui d'Es-Sebti. »[75]

---

72 Al-Ghamdi, *DB*, p. 205.
73 Ibid., p. 188.
74 Ibid., p. 17
75 Al-Ghamdi, *DB*, p. 271.

Le tombeau de paille, ici, c'est le tombeau imaginaire de Fodha, le cénotaphe dont la véracité ne s'est pas encore vérifiée tout le long de l'événement total. Mais c'est un tombeau virtuel, comme l'est celui de la narratrice quand elle dit *« mon tombeau »* alors qu'il s'agit en fait de celui de Fodha. C'est dans cette paille que réside l'identité de Fodha, évoquée comme morte précédemment à travers les différents registres du discours phallocratique que les femmes subissent dans l'espace, durant de longues années où rien ne change dans les présupposés culturels qui visent à mettre à l'écart la femme, même si cela doit se faire par l'enterrement, comme c'est arrivé à la principale protagoniste. Il est probable que la signification de cette déperdition dans la compréhension de la réalité du tombeau est celle de la même déperdition existentielle qu'on perçoit dans la disparition, au niveau de l'événement, du personnage de Fodha qui n'est évoquée que par un autre personnage féminin : son amie.

Paul Ricœur considère que *« la vérité de l'identité individuelle réside dans le temps »*[76]. Dans le roman de Ghamdi, le personnage tire son identité du temps de la même manière qui lui a permis de recouvrer celle des personnages évoqués. Le changement n'est, alors, que l'événement total de la direction de cette boussole frappée d'indétermination, d'altération et d'instabilité. C'est un changement qui distingue les personnages, surtout ceux qu'envoûte l'autorité masculine. La femme apparaît ainsi irrésistiblement attirée par l'homme. Elle dit :

> *« La relation du dictateur m'assiège lentement de tous côtés. Il m'oriente bon gré mal gré vers lui. »*[77]

À l'émiettement de l'espace et à sa mutilation sur le plan politique, répondent la désorientation et le désarroi des personnages. La guerre du Golfe a pour conséquence la discorde, l'inversion des notions et l'abrogation des accords

[76] Paul Ricœur, *Temps et Récit*, Tome I, éd. Du Seuil, coll. « L'Ordre philosophique », Paris 1983, p. 238.
[77] Al-Ghamdi, *DB*, p. 170.

entre le Koweït et l'Irak. C'est en ces termes que l'héroïne s'adresse à Fodha qui est morte, marquée par cet événement :

> *« Te rappelles-tu, ô Fodha, le jour de la guerre, le jour de l'incendie de Bagdad, ces jours qui ont changé le destin, renversé les valeurs et dévoilé la perfidie et la désarticulation d'une conscience chancelante. »*[78]

L'amie de Fodha fait un bond en arrière pour déterminer des vérités qui ont éclaté au grand jour :

> *« Fodha, te souviens-tu qu'un jour nous avons souhaité, toi et moi, qu'un missile survole notre grande maison tandis que les stations de radios arabes nous rebattaient les oreilles de leurs vociférations ? Mais notre souhait ne fut pas exaucé. Vois-tu, Fodha, nos relations, nos sentiments humains, nos idées, tout est bâti sur la duperie et chacun de nous ressemble à un bouffon qui porte plusieurs jaquettes superposées. »*[79]

La guerre est l'événement total. C'est pour cette raison qu'à la mort de Fodha, son amie dont le nom n'est pas déterminé, est déboussolée, en état de détresse et incapable de connaître la vérité de la direction de la boussole qui, dès le début, l'attire irrésistiblement. C'est une attraction magnétique qui entraîne avec elle les problèmes d'un espace extérieur divisé à cause de ces trahisons politiques. Les propos du personnage sur le lieu tournent à l'imprécation :

> *« Ah ! Fodha ! Que Dieu maudisse l'Irak, le Koweït et toutes les eaux du Golfe ! Ne savent-ils pas qu'à cause de leur stupide forfait, ils vont contraindre une pauvre femme à retourner à la même maison d'où elle s'était enfuie ? »*[80]

L'événement domine à un point tel l'espace qu'il habite Fodha dont l'image, telle qu'elle est restituée par son amie, épouse celle de Bagdad atteinte par les désastres de la guerre :

> *« Quant à toi, Fodha, tu es une Bagdadie que taquinent les cyclones. »*[81]

Fodha est si assiégée par l'événement politique qu'elle est considérée comme étant originaire de Bagdad alors qu'en réalité elle n'y réside pas. Elle habite en Arabie Saoudite, entre Abha et Djedda. Mais le problème politique qui pèse de tout

---

78 Al-Ghamdi, *DB*, p. 253.
79 Ibid., p. 272.
80 Ibid., p. 256.
81 Ibid., p. 255.

son poids sur le lieu fait que la guerre du Golfe et l'image de Bagdad dominent l'existence du personnage. Il ne s'agit pas, en définitive, d'un problème d'espace seulement, mais d'une société qui est tellement marquée par l'événement qu'elle s'y intègre d'une manière que certains personnages ont du mal à saisir. C'est ainsi, par exemple, que l'amie de Fodha noue un dialogue avec cette dernière à sens unique parce que le vis-à-vis n'existe pas, la mort de Fodha ayant été évoquée antérieurement dans la narration de l'événement. Il en est de même pour le conflit politique qui oppose l'Irak au Koweït et qui aboutit à la rupture du dialogue, étant donné que le viol brusque et la destruction sauvage subis par le Koweït exigeaient des solutions politiques urgentes.

4. Les ravages de la guerre

Dans *La direction de la boussole*, la signification politique se manifeste à travers l'image de la terreur que suscite la guerre. Cette image évolue à un point tel que c'est la famille proche du personnage principal qui est assimilée à des armes chimiques, se transformant ainsi en une source de peur qui dépasse celle qu'inspire l'arène politique.

> *« Que se passe-t-il ? Pourquoi ma mémoire me fait-elle revenir aux jours de la guerre ? Nous nous entassions alors dans des maisons rurales, fuyant d'hypothétiques armes chimiques… Avant la guerre, Fodha a dit que les nôtres étaient les vraies armes chimiques »*[82], se dit-elle.

Elle se rappelle, alors, la chute des missiles tirés à partir des sites irakiens, à cette époque :

> *« Fodha, te souviens-tu qu'un jour nous avions souhaité toutes les deux qu'un missile survole notre grande maison tandis que les stations des radios arabes nous rebattaient les oreilles de leurs vociférations ? Mais notre souhait ne fut pas exaucé. Vois-tu, Fodha, nos relations, nos sentiments humains, nos idées, tout est fondé sur la duperie. »*[83]

---

[82] Al-Ghamdi, *DB*, p. 87.
[83] Al-Ghamdi, *DB*, p. 272.

L'absence de confiance sociale en l'autre devient un sentiment dominant. L'imposture se répand partout, à l'instar de cette guerre qui oppose l'Irak au Koweït. À en croire les personnages, ce serait une guerre préméditée, une représentation théâtrale insensée et loufoque :

« La guerre est une comédie absurde… une grande comédie qui a pour nom ***la Guerre du Golfe.*** *»*[84]

Cette expression *« comédie absurde »* veut dire que le personnage comprend la vérité politique des guerres qui ne sont qu'un théâtre dans les coulisses duquel se cachent les finalités négatives des lieux qui déteignent sur l'existence tout entière.

Dans ce roman, ce qui est saisissant, c'est la relation consubstantielle des oppressions intérieures avec celles qui proviennent de l'extérieur. Les ravages qui touchent des villes arabes comme Al-Qods en Palestine occupée, Koweït ou Bagdad, ne sont que le reflet des tyrannies et des humiliations à l'intérieur des sociétés arabes. La situation est tellement désespérée que les personnages féminins souhaitent le déclenchement de la guerre, ou l'intervention d'un terrible cataclysme qui balaierait tant d'années d'asservissement et dévoilerait la voracité du pouvoir et la lubricité des gouvernants, ainsi que la démesure de leurs instincts et de leurs convoitises.

« La lune de notre village sait que la guerre du Golfe est une agitation aisée et banale… avec des hommes dont les trois quarts sont à l'image de "Hammoud" et de "Thameur"… Je souhaitais tant entendre un coup de canon… un seul… Un coup qui ébranle notre grande maison… Pour que je puisse voir les yeux exorbités de Hammoud qui épient mes pas… Avide de la cuisse d'un lapin qui fuit… de la blancheur de la chair d'un poisson poussé par les vagues sur une plage dont il ne voulait pas. Ce sont les surprises de la guerre pour Hammoud qui se rafraîchit les yeux par la contemplation de sa mignonne »[85], dit la narratrice.

Dans ce roman, les problèmes sociaux et ethniques sont posés en termes politiques. On dirait que la guerre du Golfe a

---

[84] Ibid., p. 254.
[85] Al Ghamdi, DB, p. 257.

tout contaminé, y compris la langue et ses mots. Le dictateur, c'est Es-Sebti qui, non seulement soumet son fils à une transaction nuptiale diabolique, mais aussi lui promet, à titre de compensation, de le gratifier d'une autre femme qui n'est autre que la narratrice, la cousine de Fodha. Les femmes sont traitées comme des marchandises qui circulent d'un homme à un autre. Le viol ne touche pas uniquement Al-Qods, Koweït et Bagdad, des villes qui portent les graves séquelles de la folie de tyrans qui sont identifiés à une horde sauvage, mais aussi la narratrice qui est sexuellement agressée, au cours de sa première nuit de noces qu'elle compare à un enfer sans nom[86]. À ses yeux, Hammoud est un monstre qui lui donne la nausée physiquement, un loup-garou qui lui mange le foie et lui brise le cou[87]. Après la mort d'Es-Sebti, le nouveau despote est son fils Hammoud qui fulmine et rugit, à la grande satisfaction de sa mère, devant des femmes qui paniquent et qui s'enfuient.

Pour la romancière, via la narratrice, le monde arabe est malade de ses dictateurs, malade de ses contradictions internes, colonisé et gangréné par un lourd héritage patriarcal qui se perpétue d'une génération à une autre. Quant aux autres hommes dans le roman, ils ne sont pas, en définitive, différents de Hammoud. Thameur, le médecin du village dont est éprise Fodha, est un homme qui apparaît et qui disparaît, ardemment désiré, mais très lointain, tel un mirage. Abu-Jabr, pour sa part, est un homme qui est dépositaire de la mémoire de la Palestine et des maux de tous les opprimés dans la société. Mais quand Fodha, en provocatrice, lui apprend qu'elle a eu une relation intime extraconjugale avec Thameur, il la gifle violemment à deux reprises.

5. Les meurtrissures de la mémoire

Dans cette atmosphère de destruction et d'oppression, seule la mémoire reste vivante. En effet, la sémantique

[86] Ibid., p. 84.
[87] Ibid., p. 256.

politique se cristallise dans le monologue intérieur des personnages. C'est ainsi que le conflit politique se transforme en un conflit intérieur touchant des personnages qui sont évoqués à partir d'une mémoire liée à un espace ancien que le personnage modèle une seconde fois suivant une démarche qui lui est propre. Le fait de restituer le lieu du passé n'est, alors, que le signe du dérèglement temporel à la suite de la dispersion des idées et de l'interférence des événements provoqués par la guerre. C'est ainsi que ces signes engendrent des images qui expriment la fin de la vie et l'intrusion du tombeau pour trois personnages en même temps. Ces épilogues soulignent le dépérissement de Bagdad qui entraîne l'extinction de la mémoire du personnage féminin qui s'y reconnaissait.

La mort politique de Bagdad n'est que le prolongement de celle de la mémoire, comme l'exprime le personnage dans son monologue intérieur, ainsi que la perte de son identité historique liée à ses origines. La jeune femme se pose des questions sur ses attaches géographiques, dialoguant avec une personne décédée depuis longtemps, Fodha :

> *« Te souviens-tu, Fodha, des jours de la guerre… le jour où Bagdad fut la proie des flammes, cet incendie qui a changé le cours des choses, bouleversé tous les critères et dévoilé la mauvaise foi et la conscience défaite… »*[88]

La guerre obsède encore un personnage qui reste sous la menace d'une autre guerre, celle de la mémoire et de la tentative de reconstituer les liens temporels relatifs aux événements afin d'établir un parcours cohérent des personnages disparus. L'évocation de ces personnages a une signification qui est liée à l'espace total dans le roman. Mais le problème de la guerre fait que la configuration finale de l'espace apparaît dans la mémoire de l'héroïne dramatiquement touchée par une réalité militaire qui ancre dans le moi unique le problème de la collectivité. La guerre entraîne l'image du tombeau qui étend son emprise sur les traits des personnages,

---

[88] Al-Ghamdi, *DB*, p. 253.

tels Fodha, personnage central dans le roman, Essebti ou Barka, si bien que, par la suite, le cercle des cimetières politiques va s'élargir avec la perte de l'espace réel ainsi que celle de la mémoire de la vie, devenue à son tour, aux yeux des personnages, une hécatombe intérieure.

IV. *LES FILLES DE RIYAD* : LE ROMAN DE LA JEUNESSE

Dans *Les Filles de Riyad* de Raja'a Sanâ, l'Occident est présent d'une manière remarquable. Avant même la décision prise par le Royaume en 2005 de l'envoi massif d'étudiants saoudiens à l'étranger, de jeunes couples de diplômés provenant d'un milieu aisé partent en Occident pour poursuivre leurs études avec comme destination privilégiée les États-Unis d'Amérique, à l'instar de Gamra et de Rached qui choisissent Chicago. Ils y résident au quatrième étage de la fameuse tour baptisée *« Le Présidentiel »*. Cette attirance pour le mode de vie anglo-saxon est déjà perceptible dans les nombreuses expressions anglaises qui émaillent le roman et qui, associées au saoudien dialectal et à l'arabe littéraire, confèrent à ce récit des parcours croisés de quatre amoureuses (Sadim, Gamra, Lamys et Mishaël), une facture linguistique bigarrée et désinvolte. Du point de vue civilisationnel, le fait de s'enfermer dans une seule langue, en l'occurrence l'arabe, n'est plus donc possible d'autant plus que certains personnages dont les études ont été centrées essentiellement sur l'anglais, la manient très mal. Les différents niveaux de langue qui caractérisent ce roman sont à l'image même des va-et-vient des personnages féminins entre leur pays d'origine, l'Arabie Saoudite, et des pays occidentaux comme l'Angleterre et l'Amérique où ils se rendent pour étudier, se prélasser ou pour oublier un revers sentimental et conjugal. Incapables de se fixer dans un lieu précis, on dirait qu'ils sont en perpétuel transit, avides de vie et d'amour, vivant dans un environnement familial fortuné et libéral qui ne les prive de rien.

1. L'ordinateur et le Net

Dans ce roman, les enjeux civilisationnels, avec les changements qu'ils introduisent dans les habitudes et les mentalités des gens, sont nettement soulignés à travers cet objet qui, du jour au lendemain, acquiert un rôle vital : l'ordinateur. Le récit est bâti sur les e-mails qui sont envoyés chaque vendredi, jour de la Grande Prière des Musulmans, et qui s'étalent sur six ans marqués par des interruptions pendant le mois saint de Ramadan. À l'entrée de chacune des cinquante sections que comporte ce roman, l'auteure anonyme de ces e-mails qui raconte l'histoire de ses quatre amies fait état des réactions, largement hostiles, que suscitent ses messages électroniques. On dirait que la romancière qui est médecin s'aménage une scène de l'écriture et de la réception, l'une envisagée dans la concomitance et la simultanéité de l'autre, en vue de tâter le pouls de l'état d'esprit de sa propre société. L'ordinateur et le Net sont, désormais, le pôle de toutes les convoitises.

> *« Cette histoire est devenue ma vie. Le vendredi est devenu plus sacré qu'avant et l'ordinateur a dorénavant une place essentielle dans ma chambre après qu'il se déplaçait d'une chambre à une autre sans que je m'en soucie nullement. Je rigole maintenant à chaque fois que me met en colère une collègue ou une des enseignantes universitaires qui vous brûlent les nerfs. Tout ceci ne vaut rien devant ce que je fais. Toutes ces arrogantes se collent à l'écran de l'ordinateur chaque vendredi pour lire ce que j'écris. Je les laisse à leurs trivialités ! Me suffit ce que je ressens en moi-même de joie et de fierté »*[89], dit la narratrice.

Les Filles de Riyad dont le titre s'inspire d'une chanson éponyme du Saoudien Abdelmajid Abdallah, est un roman dans l'air du temps. Il n'est pas le meilleur de ce qu'a produit le roman féminin saoudien, mais force est de reconnaître à son auteure l'intelligence sinon la malice d'avoir été en phase avec

---

[89] Raja'a Sanâ, *FR*, p. 200.

les attentes et les aspirations d'une large frange de la jeunesse saoudienne, notamment féminine, qui rêve d'un monde multiculturel et bariolé, ouvert sur les réjouissances de la vie. Il est vrai qu'il parle d'une classe privilégiée de jeunes qui ont les moyens de leurs désirs et de leurs envies. Mais aussi bien les nantis que les démunis se sont reconnus ou projetés dans ce roman.

2. Dans l'air du temps

Le mérite de l'écrivaine, c'est d'avoir misé sur des personnages féminins qui ne sont pas des intellectuelles nanties d'un regard théorique et déjà avisé sur les remous de l'existence, mais des personnages ingénus et spontanés qui vivent leur vie au premier degré. Elle se met au diapason de leur candeur et de leur stupeur lorsqu'ils découvrent le monde occidental, évoquant, par exemple, l'extrême tension qui se saisit de Gamra dans l'ascenseur de la haute tour de Chicago, de sa frayeur devant des mendiants ivres entassés dans les rues de cette ville américaine ou face à l'imposant gardien noir de l'immeuble de haut standing où elle habite[90]. De même qu'elle capte au vol la sensation de sérénité et de liberté qui envahit Mishaël sur la voie publique à San Francisco où s'annulent les préjugés de nationalité, de classe et de race[91]. *« J'ai un rêve »* : telle est la phrase célèbre que prononce Martin Luther King à l'entame d'un de ses discours, cinq ans avant son assassinat en 1968. Dans ce roman, chacune des quatre femmes a son propre rêve, comme celui de Mishaël, la journaliste, qui souhaite voir un jour sa photo couvrir les couvertures d'un magazine en compagnie des acteurs américains Johnny Depp, ou Brad Pitt ainsi qu'être invitée à assister aux cérémonies de remise des oscars de cinéma et des prix prestigieux de musique[92].

---

90 Raja'a Sanâ, *FR*, p. 34.

91 Ibid., p. 155.

92 Ibid., p. 250.

Pour changer certaines traditions obsolètes, il faut oser. Il ne s'agit guère de renier l'héritage de la religion musulmane et toute la sagesse éclairée qui irradie ses préceptes. La narratrice dit que *« les versets coraniques, les hadiths et les citations religieuses l'inspirent »*[93], comme on le voit à l'initiale de plusieurs fragments du roman où s'affirme sa culture religieuse. Mais elle dit aussi que les chansons la stimulent, que la musique la tonifie et que la complainte du piano particulièrement l'émeut. Il n'y a aucune contradiction dans cet engouement pour la paix intérieure que procure la piété et l'adhésion intime au plaisir des sens qu'éveille l'art. Pour l'expéditrice de ces messages, l'être humain est pluriel et c'est insensé de vouloir l'enfermer dans un seul moule. Il faut démystifier les croyances qu'on croit intouchables, y compris celles qui touchent au roman en tant que genre littéraire. Raja'a Sanâ ébranle à sa manière le piédestal sur lequel est posé le roman. L'ordinateur et les moyens de communication électroniques offrent des opportunités d'écriture qui sont incalculables. On peut rédiger un roman à partir de ficelles, de n'importe quoi, de bribes de vie et de hasards, à condition d'être sincère et de coller au vécu, comme l'indique la note placée à l'entame de ce récit : *« Toute ressemblance entre les personnages principaux du roman et ses événements et la réalité est intentionnelle. »*[94]

Il est nécessaire de s'adapter à l'esprit du temps et d'en tirer profit. Pour changer les traditions bien établies, il faut le faire non pas entre quatre murs et dans des cercles restreints, mais en visant le plus large public possible. L'écriture informatique se distingue, à cet égard, par son audience à large échelle et par l'efficacité de ses réseaux de diffusion. Démocratiser l'écriture veut dire s'assurer de son impact et chercher à lui garantir d'autres relais de médiatisation plus étendus encore. Nous sommes en présence d'une jeunesse attirée par les images, consommatrice de films et de séries télévisées. Citant l'académicien et penseur saoudien Abdallah Al-Ghadami selon

---

93 Ibid., p. 158.

94 Raja'a Sanâ, *FR*, p. 3.

qui la *« littérature est bourgeoise alors que l'image est démocratique »*[95], la narratrice souhaite voir un jour son histoire adaptée au petit écran[96], même si elle ne manque pas d'ironiser sur les feuilletons télévisés ramadanesques des pays du Golfe et sur leurs titres[97].

Quant aux retombées intérieures et psychologiques de la question civilisationnelle dans ses rapports étroits avec l'espace occidental, elles se manifestent à travers les expériences de chacune des quatre femmes. Prenons le cas de Sadim, par exemple.

3. Riyad et Londres

Sadim, issue d'un milieu aisé, quitte la capitale saoudienne pour Londres, fuyant les problèmes sociaux qui s'abattent sur elle, surtout après l'infidélité de Waleed, son amant. Elle fait la connaissance d'un autre homme du nom de Firas, un Saoudien d'un âge mûr, diplomate de carrière et dont elle tombe amoureuse. A l'instar de plusieurs hommes, dans le roman féminin saoudien, qui se targuent d'avoir une culture générale étendue, Firas parle à Sadim, avec amples détails, des tableaux de Rembrandt et de Kadinsky ainsi que de sa grande admiration pour Mozart, promettant de lui faire entendre *« La Reine de la nuit »* de l'opéra *« La Flûte enchantée »* du musicien autrichien[98]. Mais le tableau qu'il lui peint est déteint et les notes de la partition qu'il lui exécute sonnent faux. Ce qui est étrange de sa part, c'est qu'il est resté très attaché à la religion et aux traditions malgré les nombreux séjours qu'il a effectués à l'étranger. Lui aussi, la trahit et l'abandonne. Se rappelant, alors, sa précédente mésaventure à Riyad, elle déduit que le contexte civilisationnel ne joue aucun rôle dans la détermination de la mentalité de l'homme et de sa nature.

---

95 Ibid., p. 218.
96 Ibid., p. 218
97 Ibid., p. 319.
98 Raja'a Sanâ, p. 197.

Le lieu assume sa configuration intérieure à travers le psychisme du personnage clé qui le revit dans ses souvenirs après son départ à Londres, comme la représentation d'un espace de substitution dont il fait une échappatoire, à la recherche d'une autre civilisation.

« Londres n'était pas nouvelle pour elle, puisqu'elle s'est habituée à y séjourner au cours du dernier mois de chaque été. Mais Londres était, cette fois-ci, différente. Elle était plutôt une vaste clinique où a décidé de se réfugier Sadim pour surmonter ses maux psychologiques qui se sont abattus sur elle après son expérience avec Waleed »[99], dit la narratrice.

Dès son arrivée, Londres qui l'enchantait naguère avec ses pluies estivales, est, à ses yeux, la cité de l'affliction, embrumée comme le sont son humeur et son état d'esprit. La jeune femme est agressée par le discours autoritaire qu'impose l'homme à la femme où qu'elle soit, y voyant autant d'entraves et de restrictions qui la paralysent. L'image de l'espace arabe la poursuit même en Occident, renonçant ainsi à l'idée de vivre là où se trouvent ses compatriotes, même s'il s'agit d'un pays civilisé. La civilisation occidentale ne peut pas être, donc, aisément modifiée par les composantes de ceux qui y viennent de l'extérieur. C'est ce que ressent Sadim[100] depuis son désir de quitter le lieu où elle a subi un choc affectif aigu pour un autre où elle essuie un second échec. À ses yeux, la signification civilisationnelle, à l'intersection des deux espaces, se concentre autour de la duperie de l'homme et, partant, de l'imposture de cette civilisation et de ses séquelles négatives sur l'espace.

Déçue et devenue profondément sceptique, Sadim va jusqu'à douter de l'utilité des grandes théories de la pensée occidentale, telle celle de la psychanalyse freudienne qui est incapable de lui fournir une réponse convaincante sur les raisons qui ont poussé Walid à se détourner d'elle. Des livres consacrés comme *Introduction à la psychanalyse*, *Totem et Tabou*, *La vie sexuelle* et *Trois essais sur la théorie de la sexualité*, lui

[99] Ibid., p. 73.

[100] *« Sadim »* veut dire en français *« brouillard »*, *« nébulosité »*.

apparaissent, désormais, pompeux et infructueux[101]. Elle trouve, en revanche, la vérité des relations humaines et des comportements des gens auprès d'*« Om Nouir »*, cette femme divorcée qu'elle fréquente assidûment, et qui lui dresse une typologie des hommes et des femmes dans la région du Golfe[102]. La plupart des personnages féminins viennent au savoir à leur manière, espérant y trouver une solution à leurs problèmes intérieurs. On lit les ouvrages de psychanalyse selon la mode du temps, à une étape précise de sa vie de jeune fille ou de jeune mariée, mais on se rend compte, avec l'âge et les épreuves de la vie, que ces ouvrages ne sont, en définitive, qu'un *« tintamarre de concepts creux »*[103]. C'est ce que ressent Sadim qui ironise sur les livres de Freud. Elle ne les brûlera pas, contrairement au sort que réserve Saba dans *Le Paradis désolé*, aux ouvrages de littérature anglaise, mais elle les renie, convaincue que la vraie connaissance réside dans le laboratoire de la vie et de ses expériences.

V. Les seuils romanesques : la couverture

Il y a un espace qui est vivement interpellant : les couvertures du roman féminin saoudien. À ce niveau, il n'est plus question des représentations que se font les personnages de l'espace, d'après leur conscience intérieure, mais des particularités selon lesquelles ils sont figurés sur cette vitrine du roman qu'est la couverture. On sait que celle-ci, loin d'être un simple support technique et infographique, est un signe fort qui pourrait ouvrir la voie à une interprétation de l'œuvre romanesque, à l'instar des affiches cinématographique et publicitaire. Ce qui est frappant dans la plupart des couvertures des romans féminins saoudiens, c'est que si plusieurs d'entre elles sont, d'une édition à une autre, fixes,

---

101 Raja'a Sanâ. *FR*, p. 80.

102 Ibid., pp. 80-85.

103 Ibid., p. 80.

d'autres sont, en revanche, mobiles. Nous nous contenterons de trois exemples.

Dans *Khâtem* de Raja'a Alem, roman publié en 2001, la couverture représente une femme entièrement enveloppée d'un habit féminin spécifique qui est celui du Hidjâz pendant l'ère ottomane. Elle est sans corps et sans traits physiques, spectrale, telle une momie engainée dans ses bandelettes. L'image est clivée en deux, conformément à la nature ambivalente de Khâtem, le personnage principal, qui est femme le jour et homme la nuit. La plupart des couvertures des romans de Raja'a Alem, conçues par sa sœur, la peintre Chédia Alem, sont extrêmement cohérentes d'une édition à une autre. On dirait que la couverture est l'espace privilégié où se concrétise la fusion de deux talents, de deux âmes : Raja'a qui écrit et Chédia qui peint.

Dans *Hind et les soldats* de Badria Al-Bichr, roman paru en 2006, il y a un changement remarquable qui se produit. La première édition montre une femme voilée dont on ne perçoit que les yeux. Sur la couverture de la deuxième édition, est couchée l'image d'une femme qui a les cheveux noués et qui ne porte plus le niqâb. Son visage est séducteur, sans parler de la couleur rouge qui accentue l'aspect érotique de l'atmosphère évoquée. On dirait que le corps du texte n'est plus suffisant, que l'espace paginal est devenu exigu et qu'il faut le faire bouger, même si c'est par l'exhibition sur la couverture de la représentation intruse d'une femme à l'occidentale qui n'a rien à voir avec la société et la culture du personnage dans le roman en question.

Le troisième exemple se rapporte à l'écrivaine Zeineb Hafni qui accorde beaucoup d'importance aux couvertures de ses romans. Dans la deuxième et la troisième édition de son roman *J'ai séché mes larmes*, paru en 2003, la photo de couverture montre une femme à l'air triste, vue de loin, posant ses mains sur son visage, se résignant à l'obscurité régnante. C'est une représentation qui n'a aucun lien avec la couverture de la première édition centrée sur le gros plan d'un œil féminin. Dans le dernier roman de la même écrivaine, *Un oreiller pour ton amour*, publié en 2011, la couverture montre une femme qui contemple quelque chose, l'air mélancolique, promise à un destin qui semble incertain, comme l'indique la couleur noire qui envahit son visage. Il y a un autre détail important : le mot « *roman* » est incrusté sur le bras gauche de cette femme, tel un tatouage. C'est dans cette dénomination que réside l'identité générique de la femme saoudienne. Si l'espace géographique, tel qu'il est évoqué par les sensations intérieures du personnage, est stagnant ou mouvant, le roman est, en revanche, une terre ferme et sûre, un signe vital que la femme saoudienne arbore comme sa meilleure bannière de combat contre les obstacles de toutes sortes.

Ces quelques remarques rapides sur les couvertures du roman féminin saoudien font entrevoir la nécessité de faire, un jour ou l'autre, une étude non plus sur les textes romanesques exclusivement, mais aussi sur les nombreux seuils qui les accompagnent, tels la *« Dédicace »*, l'*« Avertissement »*, les *« citations liminaires »* d'écrivains célèbres, les illustrations, les titres, etc. Là, on comprendra peut-être mieux, non seulement les modes de fonctionnement de la spatialité textuelle dans le roman féminin saoudien, entre fixité et mobilité, mais aussi les différents facteurs extérieurs qui pourraient interférer dans la réception du discours narratif de la romancière saoudienne.

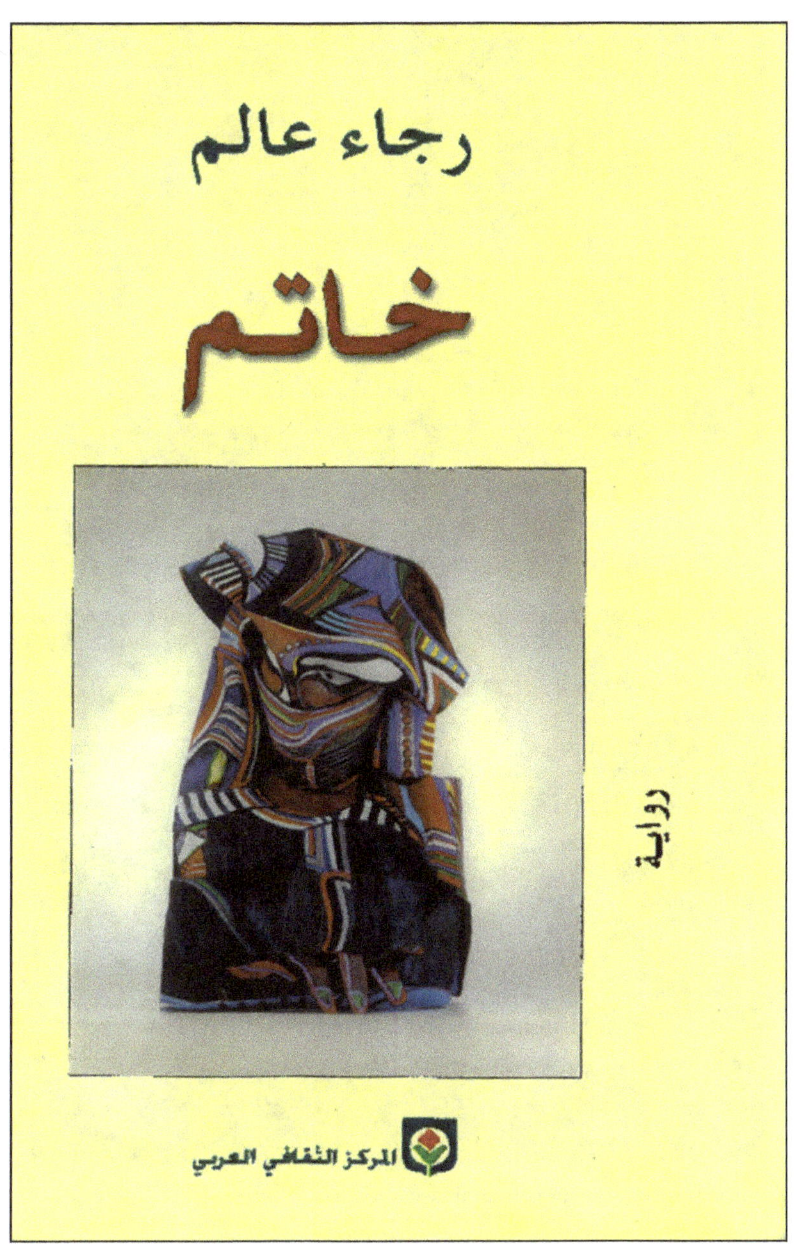

Khâtem de Raja'a Alem : cohérence et permanence

Couvertures des romans féminins saoudiens : les interminables tribulations

QUATRIÈME CHAPITRE

Traductions

Ces traductions de quelques passages puisées dans plusieurs romans féminins saoudiens ne sont guère arbitraires. Elles sont centrées sur les principaux thèmes selon lesquels s'ordonne le roman féminin saoudien dans son ensemble : l'importance des lieux et de leur mémoire, le déchirement des personnages entre l'espace d'origine et l'espace étranger, l'omniprésence des objets et de leur impact psychologique sur les personnages, les échappatoires poétiques et oniriques ainsi que le recours aux mythes.

I. LES ESPACES ROMANESQUES

1. Les lieux de l'enfance

« Notre maison... Je m'en souviens très bien... Elle était très particulière... Composée de deux étages... Son toit était en pierres rouges... Par sa forme, elle ressemblait à une hutte... Elle avait un petit jardin plein de basilic, de tournesols et de violettes... »

(*La malédiction* de Salwa Damanhouri, 1994, p. 22)

« L'aspect du village vu de loin... ses maisons basses construites en pisé... Mon école bien-aimée... La salle des institutrices qui était le champ de mes pensées... La salle de classe et mes élèves bien-aimées... Jusqu'à la grande cour de l'école en terre battue... »

(*L'araignée* de Koumacha Al-Alayène, 2000, p. 167)

« La petite chambre où j'ai grandi à l'intérieur de la mosquée avait une petite porte qui donnait sur la cour de la mosquée. Cette chambre avait un large balcon qui donnait sur l'une des rues de notre ville et que protégeait une grille dont la beauté et la perfection de fabrication étaient merveilleuses… J'obéissais toujours à mon père et j'étais d'aspect avenant et de tempérament agréable. C'est pourquoi mon père décida de m'appeler **Sahl** *pour la facilité de ma compagnie et la douceur de mon caractère. »*

(*Safina et la princesse des ombres* de Maha Al-Faïçal, 2003, p. 113)

« Il gravit l'escalier... Il commence à en compter les marches, comme s'il n'était jamais venu auparavant... encore vingt-deux marches jusqu'à ce qu'il arrive au troisième étage... Que Dieu soit béni !... Il ne manque aucune marche. La vie est encore bonne à prendre... le troisième étage... le premier appartement à droite. Il regarde la planchette sur laquelle est gravé son nom **"Méchari Abdelhamid"**. *Ah, mon père... pourquoi avoir appelé l'appartement de mon nom ? Alors que moi, je n'ai même pas cherché un emploi pour subvenir à mes besoins... »*

(*Des trompettes en papier* de Nada Abu-Ali, 2003, p. 18)

« Il se hâte vers la maison… Il était naguère étranger… Il cherchait une adresse… Mais maintenant il connaît très bien cet endroit-là… Chaque coin et recoin… Chaque pièce et chaque direction… Il quitte sa voiture au commencement de la rue… Il avance à pied… Il désire ardemment le retour du passé… Le souvenir lui donne des ailes… Cette grande cour et son enceinte presque en ruine… Combien de fois s'est-il faufilé à travers cette large ouverture dans le mur pour s'y introduire et jouer au ballon… Ses larmes débordent… il longe la muraille. La lumière s'estompe, mais il voit mieux… »

(*Des trompettes en papier* de Nada Abu-Ali, 2003, p. 158)

2. Les Villes

- La Mecque

« Ainsi, l'une des coutumes secrètes des Mecquoises, c'est que, lors du départ des hommes pour le pèlerinage ou le commerce à Minâa et Arafat, elles se réunissaient en bande pour pénétrer en cachette dans le sanctuaire de cette idole, déguisées en hommes ou en monstres, et alors commençaient les réjouissances en son honneur. »

(*La route de la soie* de Raja'a Alem, 1995, p. 33)

« Il était impératif pour les femmes de s'en aller pour rattraper le cortège funèbre au moment de la prière de l'après-midi à l'intérieur du sanctuaire de la Mecque. Le cortège traversa le Messial en direction de la Chébika au confluent de Wadi Ibrahim en suivant le côté opposé au lit des grands torrents vers les sept minarets de la Sainte Mosquée. »

(*Sidi Wahdana* de Raja'a Alem, 1998, p. 157)

- Djedda

« Djedda… Voici ses pieds qui foulent son sol saturé de sel marin… Comme elle lui manque… A peine son regard fuyant et distrait se posait-il sur le visage de l'un de ses compatriotes qu'il s'en détachait aussitôt pour se poser sur un autre. Beaucoup de temps s'est passé depuis qu'il est revenu ici et qu'il s'est frotté à son milieu traditionnel… Il se demandait s'il était capable de s'adapter à tout ça et de vivre comme il avait vécu auparavant. »

(*Des trompettes en papier* de Nada Abu-Ali, 2003, p. 15)

- Londres

« Est-ce là la vraie Londres ? me suis-je demandé alors que je déambulais sur les pavés des chaussées et que je contemplais les devantures vitrées des magasins et des boutiques luxueuses. »

(*Des yeux immondes* de Koumacha Al-Alayène, 2005, p. 22)

« Attablée seule dans un pub londonien, je sirote un café chaud… Qui sait quel impact le choc aurait-il sur leurs visages lorsqu'elles auront appris mon aventure ?… Ma belle-mère, ma mère et ma tante paternelle… La cause de ma misère, de mon malheur et de mon errance, ce sont elles… »

(*Des yeux immondes* de Koumacha Al-Alayène, 2005, p. 25)

« Londres se remplit d'Arabes qui viennent de partout. C'est ainsi qu'on peut voir beaucoup de gens affublés de la coiffe et de la tenue traditionnelle des pays du Golfe. La mante arabe et le voile intégral (niqab) sont devenus visibles à Hyde Park, au Piccadilly, à Oxford Street et à Regent Park. Mais c'est surtout à Edward Road qu'on les trouve en grand nombre. »

(*Des yeux immondes* de Koumacha Al-Alayène, 2005, p. 110)

« Je suis enfin arrivé à une maison… une petite maison que j'ai connue il y a huit années, huit années qui me sont revenues maintenant, comme si elles se passaient à l'instant même. Je connaissais cette maison alors que j'avais quatorze ans et que j'étais en proie à la tristesse, à la mélancolie et à la peur. »

(*Je n'ai plus peur* de Dhafra Al-Masloul, 1990, p. 39)

* * *

II. Les objets

1. Les portes

« Je m'arrête au petit seuil de la porte. Les objets vacillent autour de moi et s'approchent, même les plus petits détails de la tristesse. Un moustique vrombit à mon oreille. La porte en bois blanc décorée d'anneaux dorés qui scintillent à la lueur chancelante de la bougie se dresse devant moi tel un secret que l'univers a recouvert de ses ailes. Je l'ouvre et, aussitôt, s'en dégagent les effluves des souvenirs et jaillit la clameur des mots que nous avons dits chaque fois… je ferme la porte et, alors, les bruits de l'univers s'écoulent. »

(*Le paradis désolé* de Leïla Aj-Jhanni, 1999, p. 34)

« L'histoire de la maison est probablement partie d'une porte qui se dressait jadis au fond de la cave. Cette porte ne faisait pas partie de l'édifice initial de la demeure. Mais elle était longtemps restée fermée sans clé jusqu'à ce qu'elle fût tombée dans l'oubli, si bien qu'elle s'ouvrit toute seule sans que personne n'y prît garde. Alors, il s'avéra qu'elle était munie de trois marches descendant vers la terre de la montagne »

(*Khâtem* de Raja'a Alem, 2001, p. 6)

« La porte du caveau n'existait guère ni le jour où Sened, le descendant de Nessib, est venu au monde, ni même lorsque Sakina est tombée enceinte l'année du froid et qu'elle a donné le jour à son enfant, sans le secours d'aucune sage-femme. Cette nuit-là, les portes communicantes de la maison n'étaient pas closes et toutes ces vieilles portes étaient ouvertes à double battant. Pourtant, personne ne fut témoin des détails de cette naissance… »

(*Khâtem* de Raja'a Alem, 2001, p. 21)

« Plusieurs années se sont écoulées depuis qu'on eut condamné la porte communiquant avec la maison de Nessib, et d'autres années se sont succédé encore après la déception causée par la naissance d'une sixième fille. Plus Khâtem grandissait dans les vêtements d'une fille, plus la porte communicante était laissée à l'abandon, si bien que son blindage métallique et ses vantaux s'écroulèrent. Alors, les gens de la maison se mirent à emprunter le chemin le plus court pour se rendre à leurs caves et à leurs corrals, de sorte que la porte est restée comme un embryon délaissé en marge des événements qui se sont précipités dans cet endroit… »

(*Khâtem* de Raja'a Alem, 2001, p. 40)

« La plus petite des portes est à même de détruire une maison, de détruire un rêve, de détruire cet être qui sommeille en moi, abrité derrière son impossibilité. À la porte, est tombée l'impossibilité de quoi ? Il l'ignore, mais elles lui prennent le miroir et son reflet. Elles l'éventrent entre les deux. Une colonne vertébrale qui blesse par son épaisseur enroulée sur elle. Mais ce qui s'est fissuré ne peut se refermer. Sa maîtresse a maintenant une porte qui le soulage et le réconforte… »

(*L'Âtre des oiseaux* de Raja'a Alem, 2002, p. 150)

« J'étais sorti en quête de la Ville de la Science. Mais le destin a voulu que je me trompe de chemin et que je parvienne à une ville splendide qui avait douze portes dont chacune était plus superbe que l'autre et portait un nom. Je suis entré par la **Porte de l'Existence**. *Elle était ouverte, mais sans gardien. »*

(*Safina et la princesse des ombres* de Maha Al-Faïçal, 2003, p. 38)

« Graffiti remontant à l'enfance gardés dans la mémoire de cette coupole : un œil ici espionnait mes gribouillages. »

(*L'Âtre des oiseaux* de Raja'a Alem, 2002, p. 9)

« Voici ma poupée. Elle lui a tenu compagnie pendant son enfance après qu'elle l'eut pétrie de glaise et cuite au feu pour qu'elle lui apparaisse comme une stupeur perdue un de ces jours. »

(*L'Âtre des oiseaux* de Raja'a Alem, 2002, p. 4)

2. Les bougies

« Les bougies sont disposées çà et là à travers l'appartement, attendant qu'il les allume... Il se souvient de ces journées ardentes au cours desquelles il allumait alors les bougies... Il fondait devant la blonde geôlière de son cœur et monologuait avec elle tendrement... Il se jetait sur le divan le plus large... Il s'étirait indolemment et allumait une cigarette qu'il grillait tout en imaginant son âme se consumer avec elle... Son regard s'arrêtait sur le combiné qui reposait sur le guéridon près de lui... Il se souvient comment il l'étreignait pour parler avec elle... »

(*Des trompettes en papier* de Nada Abu-Ali, 2003, p. 18)

3. Les murs

« Je me posai des questions tout en observant les hautes murailles qui bouchaient devant moi les accès à la vie et les visages des femmes épuisées qui se succédaient dans ma mémoire. Je tournai mon visage vers le mur pour regarder les cercles rouges qui y étaient tracés. Plusieurs interrogations tournoyaient au fond de moi et écrasaient dans leur tournoiement rapide leur questionnement sur la liberté ».

(*L'araignée* de Koumacha Al-Alayène, 2000, p. 9)

« Je me posai des questions tout en observant les hautes murailles qui bouchaient devant moi les accès à la vie et les visages des femmes épuisées qui se succédaient dans ma mémoire. Je tournai mon visage vers le mur pour regarder les cercles rouges qui y étaient tracés. Plusieurs interrogations tournoyaient au fond de moi et écrasaient dans leur tournoiement rapide leur questionnement sur la liberté ».

(*L'araignée* de Koumacha Al-Alayène, 2000, p. 9)

« J'ai tout compris et sans préavis. Il cherche un mur… Seulement un mur et non une épouse… Un mur sur lequel il décharge ses défaites, ses échecs et ses saletés. Un mur qu'il torture chaque jour pour qu'il déverse à travers lui le lourd fardeau de longues années d'oppression, de silence et de soumission ».

(*L'araignée* de Koumacha Al-Alayène, 2000, p. 177)

* * *

III. L'ÉTAU DU MÂLE

« Je suis venue à lui, dépossédée de toute volonté, servile, pour qu'il fasse de moi ce qu'il veut… Un jouet sans âme et sans mouvement, une statuette en céramique, en métal précieux ou en or… »

(*L'araignée* de Koumacha Al-Alayène, 2000, p. 181)

« Une bête sauvage avec de gros crocs et des griffes tranchantes qui cherchent à me lacérer… son envahissante odeur repoussante a exacerbé le feu qui me consumait de l'intérieur au seuil de l'explosion ».

(*L'araignée* de Koumacha Al-Alayène, 2000, p. 195)

« Ainsi, sommes-nous obligés, sans prescription écrite, d'incarner un tableau imperturbable, parfait dans ses moindres détails sans une seule égratignure, brillant et rayonnant et des êtres d'exception comme des prophètes, blancs comme des anges, de telle sorte que personne ne pourra détruire l'édifice aux mille étages relié au ciel et dont nous constituons l'un des maillons les plus fragiles ».

(*Les autres* de Saba Al-Hirz, 2006, p. 31)

* * *

IV. LE TERRORISME

« Avec la série d'explosions que nous avons faites, il est devenu impossible de s'approcher de ces complexes résidentiels pour étrangers… J'ai quitté la maison… C'était comme si je suivais mon propre corbillard… Je me suis dirigé vers le nord de Riyad… puis vers un complexe résidentiel… Après quelques instants, j'ai entendu la déflagration, j'ai vu ma jambe arrachée par l'explosion et le feu partout. »

(*Suicide sur commande* de Alâ Al-Hadhloul, 2004, p. 121)

« La photo de l'explosion de la veille est à la Une de tous les journaux ainsi que celles des exécutants à visage découvert… Les noms de ceux qui ont réalisé l'opération qui a visé le bâtiment de la Sûreté Générale figurent en lignes serrées dans les colonnes des journaux… La photo d'un jeune homme en émerge… Dès que je l'ai vu, mon cœur a bondi dans ma poitrine : c'était Ibrahim, mon frère. »

(*Hind et les soldats* de Badria Al-Bishr, 2006, p. 204)

« Six mois plus tard, Ibrahim revint d'Afghanistan, plus ténébreux, plus renfrogné et plus introverti que jamais ».

(*Hind et les soldats* de Badria Al-Bishr, 2006, p. 174)

* * *

V. La poésie

« La nuit où elle m'est venue à l'esprit, mes rêves sont devenus serviles.
Lorsque j'ai déclaré ma flamme en quelques heures
Nous étions seuls plongés dans de belles amours.
Tous mes jours ombragés ont déserté mon cœur
Si bien que des torrents de larmes ont débordé dès que j'eus fermé mes yeux.
je ne me suis jamais plaint de l'amour jusqu'à ce que mes branches se sont étiolées.
Je ne me suis jamais lassé d'être patient jusqu'à ce que je me suis lové dans la paupière enduite de Kohl. »

(*Quand parle le silence* de Hanène Katouâ, 2003, p. 66)

« Dans un lieu éloigné… éloigné
Où personne n'imagine trouver autre chose que du sable…
Se tapit une bâtisse sombre et délabrée…
Habillée de boue…
Les vers lui ont dévoré les murs au point de l'ensanglanter.
Des nuages obscurs et un brouillard poussiéreux l'enveloppent…
Il se pourrait qu'elle reste là ensevelie… noyée dans les ombres
Si quelqu'un s'approchait de ses fenêtres insurgées
Il trouverait des barreaux rongés…
Car ce lieu est un pénitencier
Et son propriétaire un geôlier… »

(*Des trompettes en papier* de Nada Abu-Ali, 2003, p. 61)

« La pluie tombe
Elle lave les arbres
Et alourdit les branches vertes de fruits…
L'oubli s'ouvre
Sur des histoires de tendresse
Et toi, chéri… tu es un oiseau sur le départ. »

(Amal Donkol, cité dans
La direction de la boussole de Noura Al-Ghamdi, 2002, p. 37)

« Il quitta l'appartement pour prendre le volant de sa voiture chérie et se diriger vers la corniche… Il ne sait pas pourquoi il éprouve un sentiment d'angoisse qui n'est pas naturel… Peut-être la mer serait-elle son unique refuge… La cassette d'une chanson d'Om Kalthoum commença à l'obséder :

***Chéri, tout est prédestiné**, dit la chanson.*

La mer obscure est houleuse cette nuit… Ses vagues mugissent, criant vengeance…

***Ce n'est pas de notre faute si nous sommes nés malheureux**, poursuit la chanson.*

Il a l'impression que son âme s'élève et plonge dans la mer… qu'elle fait corps avec ses vagues…

***Peut-être qu'un jour nos destinées nous réuniraient-elles, puisque la rencontre est difficile**, continue la voix de la Diva.*

Il fait froid… Les eaux bleues se teintent d'une couleur indélébile.

Si, alors, chaque bien-aimé reniait l'autre… et que notre rencontre fut celle de deux étrangers

Il a l'impression que quelque chose l'étouffe et l'empêche de respirer… Probablement un requin qui serait monté à la surface et aurait décidé de l'avaler…

Et que chacun eût poursuivi son chemin… Ne dis pas que c'est nous qui l'aurons voulu, mais c'est le destin.

Méchari est exaspéré par ses fantasmes… Effrayé, il s'écrie :

-Rim, où es-tu ? »

(La chanson *Al-Atlal « Les Ruines »* d'Om Kalthoum, citée dans *Des trompettes en papier* de Nada Abu-Ali, 2003, pp. 56-57)

* * *

VI. L'EXUTOIRE DU NET

*« Je me suis laissée entraîner dans un tourbillon extrêmement stupéfiant qui a pour nom le Net, par le biais duquel je peux m'adresser à n'importe qui en lui disant "**ô, mon chéri**", moi qui suis issue d'un milieu où le fait de parler à quelqu'un de sexe masculin est de l'ordre de l'impossible. »*

(*Les Autres* de Saba Al-Hirz, 2006, p. 43)

« Le Net a été mon premier pas sur le terrain de la vérité. Il n'a été, en aucune manière, ni l'extérieur ni la vérité, mais le seul endroit qui m'a permis de voir plus d'une image et plus d'un aspect, pour découvrir ce qui est véridique. J'ai beaucoup grandi depuis que j'ai accédé au Net, mûri et changé. Je n'avais plus de certitude. J'ai failli perdre ma foi, n'eût été un fil dérisoire qui risquait de se briser entre un balancement et un autre. »

(*Les Autres* de Saba Al-Hirz, 2006, p. 113)

* * *

VII. LES RÊVES

« Il a vu en rêve Adam à dos d'une jument ayant un visage de femme aux traits indistincts. Dès qu'il saisit la bête, il se rendit compte qu'elle était ailée. Elle frappa le sol de son sabot et prit son envol, le transportant de cime en cime au-dessus de montagnes merveilleuses menant à une terre sainte. Sa monture cherchait un accès à ce sanctuaire… Après plusieurs difficultés qu'elle a surmontées, elle se trouva face à un énorme rocher de la lignée des volcans noirs ».

(*L'Âtre des oiseaux* de Raja'a Alem, 2002, p. 89)

« J'ai vu en rêve la nuit dernière une **"Douâra"**. *À sa porte se dressait un homme de grande taille, affublé d'une longue barbe. Il m'a appelée et m'a demandé si c'était moi qui cherchais la danseuse dans l'âtre ».*

(*L'Âtre des oiseaux* de Raja'a Alem, 2002, p. 111)

« Quand elle ouvrit les yeux, l'âtre des oiseaux était là, dominant le passage. Un instant, Aïcha sentit leurs deux cœurs emportés vers l'âtre. Elle le prit en rêve et se redressa. Elle traversa les innombrables couloirs de la maison, des couloirs qu'elle connaissait depuis Aïn Sahl jusqu'à ce qu'elle fût parvenue à l'extrémité du côté sud. Il y avait là une petite porte de la largeur d'un bras. Cette porte n'avait pas de cadenas, mais était tellement étroite que personne n'était tenté de la franchir. Les escaliers suffisaient à cela. Elle descendit, puis la terre se stabilisa sous ses pieds. Elle traversait la maison le long d'un tunnel. Autour d'elle, elle sentait la présence d'un courant invisible, mais qu'on ne pouvait ignorer et qui faisait vibrer les murs comme dans un mirage… Ces murs semblaient instables… Elle n'avait guère l'intention de rebrousser chemin, avant qu'elle ne parvienne à l'âtre. Dès qu'elle a atteint les colonnes, elle se rendit compte que ce qui lui était apparu en bas comme l'absence de murs n'était qu'un voilement des matériaux qui avaient servi à les construire ».

(*L'Âtre des oiseaux* de Raja'a Alem, 2002, p. 108)

« Depuis que tu étais enfant, ton image s'est fixée dans ma mémoire. Tel un croissant, un diadème ceint ta tête. Je t'ai reconnu à un signe gravé dans ton image sur la pierre de l'âtre des oiseaux, ce lieu que personne n'a escaladé auparavant, excepté la femelle du vautour qui l'a peuplé depuis qu'elle occupe la ville… »

« Au cours de ce rêve tardif, une nuit, l'embryon lui est apparu sous des traits qu'elle connaissait très bien, des traits qui se sont montrés devant ses yeux tous les jours. Il dit :

« J'ai été conçu par une femme de chez nous qui a ton visage. Elle m'a fourré cette nuit dans le sperme d'un monsieur. Viens, regarde. Je suis à l'intérieur d'un trône, enveloppé dans le cœur chaleureux d'une perle qui me chante comme la mer et m'éclaire. Le visage de ma mère ici te connaît, mais il porte un autre nom. Son nom vient de Dieu et le tien de son Paradis. J'ai renoncé à ma conception.

Houria tressaillit en entendant le nom, et aussitôt elle s'élança hors de son rêve. Elle se réveilla juste avant l'aube, au moment où les prières sont exaucées. Quelque chose entre ses jambes la réveilla, qui effaça de ses yeux toute trace de ce rêve. »

(*L'Âtre des oiseaux* de Raja'a Alem, 2002, p. 40)

« J'ai vu en rêve des montagnes qui tremblaient, des maisons qui s'effondraient, des femmes qui pleuraient, des enfants qui criaient, des hommes qui bondissaient à l'intérieur des édifices, des rues pleines d'une foule houleuse et excitée. Le monde vacillait autour de moi et la terre tremblait tandis que je récitais en rêve la parole divine : **"Et ils complotèrent, mais Le Tout-Puissant déjoua leurs complots. Allah est plus fort que tous les comploteurs…"** *Je sollicitai la protection de Dieu contre ce cauchemar ; puis, je me réveillai et m'acquittai de la prière de l'aube. »*

(*Suicide sur commande* de Alâ Al-Hadhloul, 2004, p. 107)

« Après avoir connu la soif la plus extrême et la peur la plus terrible dans mon rêve qui m'a indiqué l'endroit où se trouve la Mer des Sables, je l'ai laissée et j'ai emporté de l'encre de fumée, des lettres d'amour et un collier de sable. Oui, j'ai décidé d'exaucer le dernier vœu de ma maîtresse, **La Princesse des Ombres**, *lequel n'est autre que les châteaux d'eau. Comment et où pourrais-je les trouver ? »*

(*Safina et la princesse des ombres* de Maha Al-Faïçal, 2003, p. 90)

* * *

VIII. L'ÉCHAPPÉE MYTHIQUE

« Les coups de bec se sont acharnés (abkar) à poignarder la princesse si bien qu'elle fut atteinte de la fièvre de la recherche de la vallée disparue pour la conquérir et désaltérer les villes de la côte ».

(*Voyage nocturne ô veilleur !* de Raja'a et Chedia Alem, 1997, p. 25)

« Tous les deux, ils pénétrèrent dans le sanctuaire de la Mecque, couverts de plumes comme celles du Phénix qui a la taille du Rock et que le feu habite sans qu'il se consume. »

(*Voyage nocturne ô veilleur !* de Raja'a et Chedia Alem, 1997, p. 12)

« C'est toi qui m'as accompagné sous la forme de la pleine lune et c'est toi dont l'image renversée est apparue dans le ciel de MaQa. C'est toi, Hobba. »

(*Hobba* de Raja'a Alem, 2000, p. 311)

« Les langues de ces quartiers te défient : ou tu es frappé de mutisme ou tu subis un dialogue dans lequel on te parle dans toutes les langues comme le lui a affirmé sa grand-mère : les gens des quartiers exigus, ceux du **"Quartier de l'Étranger"***, du* **"Quartier de l'opprimé"***, de* **"Syrie"***, du* **"Misérable"***, du* **"Monticule"***, de* **"l'Avenue Kabel"***, du* **"Port"***, il y a longtemps qu'ils ont creusé un trou et enterré la première clé de la* **"langue d'Adam"** *avant qu'elle ne se fractionne en une douzaine d'yeux et de langues. Si ton bébé souffre d'un retard dans la parole, alors promène-le à travers ces quartiers à l'heure de la prière de l'après-midi. Là-bas, même les pierres pourraient parler. »*

(*Sitr « Décence »* de Raja'a Alem, 2005, p. 93.)

« D'aucuns disent qu'on a découvert que Djedda remonterait à l'époque d'Eve. Sous cette foule il y aurait des chemins et des forteresses constitués des cendres du corps d'Eve ».

(*Autre… autre* de Hager Al-Mekki, 2005, p. 32)

CONCLUSION

Dans cet essai sur le roman féminin saoudien, nous avons centré nos analyses et nos traductions sur les différentes manifestations de l'espace et sur ses diverses significations, politique, sociale, psychique, civilisationnelle et mythique. Que ce soit dans les représentations des lieux, le déroulement des événements, la configuration des temps ou les modes de présence des objets, la primauté absolue est accordée au courant de la conscience des personnages qui ne ressentent le monde dans lequel ils évoluent qu'en fonction des séismes de leur subjectivité et de leurs états d'âme. L'espace tant local qu'occidental semble entièrement se mirer, à travers le radar intime des personnages féminins, en proie à un malaise persistant, aspirant à un ailleurs hypothétique et refluant vers leur monde intérieur et leur mémoire endolorie.

Nous avons mis en relief également le poids du temps dans le roman féminin saoudien. Dans ce contexte, nous en avons analysé les multiples figures : des paliers de temps qui interfèrent dans un même roman, de la roue du temps qui se fige, du cercle d'un temps qui tourne sur lui-même, d'un temps linéaire qui a du mal à se plier à une voie rectiligne, d'un temps funèbre incarné par l'image du tombeau qui abolit à la fois l'évolution temporelle et le lieu dans un même néant. Par ailleurs, nous avons relevé l'extrême attention portée par la romancière saoudienne aux grands cataclysmes qui ont affecté le monde et à leurs retombées sur les individus, sur la société et sur le monde arabe, d'une manière générale, aux tiraillements de ses personnages entre les lieux d'origine et les lieux étrangers, à la recherche du bonheur, de la vérité de l'existence et de la connaissance, idéaux qui sont introuvables dans la réalité. C'est en fonction de cette quête qu'intervient l'espace mythique avec ses emblèmes, ses énigmes et ses mystères. Nous avons démontré que cet espace, solidement rattaché au patrimoine culturel saoudien et arabe, n'était qu'un détour pour la romancière saoudienne afin de mieux démasquer les faux-semblants d'une réalité mensongère et de clamer la nécessité de féminiser l'espace aux antipodes de l'aménagement que lui a assigné l'homme.

Le roman féminin saoudien a plus de cinquante ans d'existence et sa persévérance ne s'est jamais démentie. Il y a eu des périodes de ralentissement, mais aussitôt compensées par une relance impressionnante. Dans un contexte difficile, la romancière saoudienne fait preuve d'une ténacité remarquable. Mais il faut se garder de forcer idéologiquement ce phénomène. La romancière saoudienne n'est pas une *« militante féministe »* ou une *« insurgée »* brandissant l'étendard de la désobéissance et de la contestation, comme d'aucuns se plaisent à le répéter. Respectueuse de son milieu et de ses particularités sociales et religieuses, imbue de sa propre culture, elle cherche non pas à saper les fondements de la société, mais à démontrer certains règlements arbitraires sur lesquels ils reposent et les abus nuisibles auxquels ils conduisent. Elle n'appelle ni au renversement de l'institution conjugale ou familiale, ni à la légalisation de l'homosexualité pas plus que ne l'effleure l'idée de remettre en cause les préceptes religieux.

La romancière saoudienne se faufile à travers les mailles mêmes du discours dominant, pour faire entendre sa voix et pour dénoncer les survivants tenaces et obscurantistes d'une période ancestrale qu'elle croyait révolue. La femme saoudienne sait qu'il lui faut aller lentement et que le système des exclusions et des discriminations ne peut pas être bousculé du jour au lendemain. Les romancières d'Arabie pointent du doigt les injustices, démontent leurs mécanismes de fonctionnement, lancent des défis, mais elles sont les premières à être conscientes de la difficulté de la tâche et du temps énorme que nécessitera une telle mutation. La femme attend, sait attendre, est habile dans le tissage, telle Pénélope qui tisse, dans le célèbre poème épique, *L'Odyssée*, du poète grec Homère, dans l'attente du retour de son mari Ulysse parti pour un long et périlleux périple.

Dans l'action menée pour l'émancipation de la femme arabe, avec pour principaux atouts l'écriture et la culture, il faut rappeler le rôle déterminant joué par Samira Khashoggi. Cette femme moderne, cultivée, en avance sur son temps, issue d'une famille fortunée, a lutté sur tous les fronts pour défendre la cause féminine dans le monde arabe, notamment dans la région du Golfe.

Le roman féminin saoudien est, actuellement, à la croisée des chemins et son destin est du ressort de ses écrivaines. Sur plus de cinq décennies, il a fait preuve d'une remarquable profusion quantitative. Rien qu'en 2006 et 2007, plus d'une soixantaine de romans ont été publiés, avec l'apparition de nouveaux visages. La thématique du dévoilement des interdits et de la dénonciation du comportement rétrograde et despotique de l'homme, telle qu'elle s'exprime à travers la conscience intérieure du personnage féminin, est toujours de mise.

Le roman du *« Courant de la Conscience »*, ou *Nouveau Roman*, a été au plus fort de son rayonnement, notamment en France, au cours des années soixante et soixante-dix du siècle dernier, grâce à des écrivains comme Michel Butor, Alain Robbe-Grillet, Claude Simon et tant d'autres. Si la romancière saoudienne l'a adopté et l'adopte jusqu'à nos jours comme principal mode d'écriture, cela ne veut nullement dire qu'elle navigue à contre-courant ou qu'elle est dépassée par les événements. Elle a tout simplement compris que dans des sociétés arabes qui imposent de dures restrictions à la liberté individuelle, il ne reste que le recours à l'intériorisation. Mais quels que soient les conditionnements et les pressions subis, la transgression est nécessaire, car la littérature, en définitive, est la prospection de quelque chose de nouveau et de dissimulé.

C'est l'écrivaine saoudienne elle-même qui a montré les voies de cette mue salutaire. En effet, si des romancières, telles Leila Aj-Jhanni, Maha Al-Faïçal, Noura Al-Ghamdi et surtout Raja'a Alem émergent du lot, c'est parce que leurs œuvres sont nanties d'une poétique. Celle-ci touche fondamentalement à ce qui fait la spécificité d'un texte littéraire, à ce qui fonde sa littérarité et lui confère le statut d'une œuvre d'art. Dans leurs romans, Aj-Jhanni, Alem, Al-Faïçal et Al-Ghamdi ne s'éloignent jamais des réalités de leur pays, mais elles y plongent non par le biais d'un style exagérément mélodramatique, ou d'autobiographies à peine voilées, comme le font plusieurs romancières saoudiennes, mais d'un imaginaire foisonnant, d'une figurativité soutenue, d'images qui frappent par leur vigueur sensorielle et intellectuelle. Elles ont su, chacune selon le style qui lui est spécifique, hisser leurs œuvres à des thèmes universels, tels le racisme, la guerre, le terrorisme, le choc des civilisations, la défense des libertés individuelles ainsi que la recherche de la connaissance et de la vérité.

C'est dans le sillage de telles expériences fécondes et éclairé par leur démarche poétique, que le roman féminin saoudien devrait, nous semble-t-il, aller de l'avant.

BIBLIOGRAPHIE DES ROMANS FÉMININS SAOUDIENS (DE 1959 À 2007)

Année	L'auteure	Titre du roman	Éditeur
1959	S. Bint Al-Jazira	*J'ai fait le deuil de mes espoirs*	Zouhir Bâalbaki. Beyrouth
1961	S. Bint Al-Jazira	*Souvenirs larmoyants*	Zouhir Bâalbaki. Beyrouth
1963	S. Bint Al-Jazira	*L'éclat de tes yeux*	Zouhir Bâalbaki. Beyrouth
1971	S. Bint Al-Jazira	*Au-delà du brouillard*	Zouhir Bâalbaki. Beyrouth
	S. Bint Al-Jazira	*Et les jours s'égrènent*	Zouhir Bâalbaki. Beyrouth
1972	Hind Baghfar	*L'innocence perdue*	Al-Masri. Beyrouth
1973	S. Bint Al-Jazira	*Gouttes de larmes*	Zouhir Bâalbaki. Beyrouth
	S. Bint Al-Jazira	*Funérailles des roses*	Zouhir Bâalbaki. Beyrouth
	Naziha Katabi	*L'éveil des douleurs*	Al-Asfahani, Djedda
1979	Aïcha Zaher Ahmed	*Un sourire des lacs des larmes*	Club Littéraire. Djedda
	Houda Ar-Rachid	*Demain ça sera jeudi*	Rose Al-Youssef. Le Caire
1980	Amal Chatta	*Demain j'oublie*	Djedda
	Houda Ar-Rachid	*Inconséquence*	Rose Al-Youssef. Le Caire
1983	S. Bint Al-Jazira	*Dunes de sable*	Zouhir Bâalbaki. Beyrouth
1986	Safia Ahmed Baghdadi	*L'égarement dans l'éclat du jour ?*	Imprimerie As-Sahar. Djedda
	Safia Abdelhamid Anbar	*Pardon Adam !*	À compte d'auteur
	Bahia Bousbit	*Dorra Al-Ihsâ'a*	Al-Jazira. Riyad
	Raja'a Alem	*Quatre à zéro*	Club Littéraire. Djedda
1988	Safia Abdelhamid Anbar	*Une lueur à travers les cendres des ans*	Al Arabiâ des Encyclopédies. Beyrouth

1989	Amal Chatta	*Que ne vive pas mon cœur !*	Al-Madina. Djedda
	Salwa Damanhouri	*Conflit de la raison et du cœur*	Al Khashrami. Djedda
1990	Dhafra Al-Masloul	*Je n'ai plus peur*	Annakhil. Riyad
1992	Safia Anbar	*Le hasard nous a réunis*	Al-Ahram. Le Caire
1993	Safia Anbar	*Je t'ai perdu le jour où je t'ai aimé.*	Al-Ahram. Le Caire
	Fatma Abdelkhalek	*Des pas vers le soleil*	À compte d'auteur
	Houda Ar-Rachid	*La répudiation*	Le Caire
1994	Salwa Damanhouri	*La malédiction*	Assafâ. La Mecque
1995	Raja'a Alem	*La route de la soie*	Centre Culturel Arabe. Beyrouth
1996	Bahia Bousbit	*Une femme au-dessus du cratère d'un volcan*	Alem Al-Koutob. Riyad
	Zahwa Al-Barnawi	*Nostalgie*	Al-Borkani. La Mecque
1997	Raja'a Alem	*Voyage nocture. Ô Veilleur !*	Centre Culturel Arabe. Beyrouth
1998	Amal Chatta	*Adam seigneur !*	Al-Madina. Djedda
	Raja'a Alem	*Sidi Wahdana*	Centre Culturel Arabe. Beyrouth
	Zeïneb Hafni	*Danse en spirale*	Le Caire
1998	Fatma Abdelkhalek	*Salah An-Najdi et Zahrâ du Sud*	À compte d'auteur. Djedda
	Leïla Aj-Jhanni	*Le Paradis désolé*	Circonscription de la Culture et de l'information. Chardja
	Nada Abu-Ali	*Le cœur a des visages autres*	Bahr Al-Arab. Djedda
	Nada Abu-Ali	*Et les jours passent*	At-Tawfik. Djedda
	Noura Al-Majid	*Une femelle sur le voilier de l'exil*	Aj-Jadid. Beyrouth
1999	Bahia Bousbit	*L'histoire d'Afef et du Dr Saleh*	Alem Al-Koutob. Riyad
	Safia Anbar	*Tu es mon amour, liés pour toujours*	Ar-Rawi. Dammam
	Koumacha Al-Alayène	*Scrutant le ciel des yeux*	Rached Bors. Beyrouth

2000	Raja'a Alem	*Hobba*	Centre Culturel Arabe. Beyrouth
	Koumacha Al-Alayène	*L'araignée*	Rached Bors. Beyrouth
	Koumacha Al-Alayène	*Des pleurs sous la pluie*	Rached Bors. Beyrouth
	Koumacha Al-Alayène	*Maison de verre*	Rached Bors. Beyrouth
	Wafa Badâoud	*Romance*	À compte d'auteur
	Mahra Al-Assimi	*Des diables dans les nids*	Hourâm. Damas
2001	Raja'a Alem	*Khâtem*	Centre Culturel Arabe. Beyrouth
	Safia Anbar	*Un sourire volé aux larmes*	Dammam
2002	Raja'a Alem	*L'âtre des oiseaux*	Centre Culturel Arabe. Beyrouth
	Noura Al-Ghamdi	*La direction de la boussole*	Organisation Arabe des Études. Beyrouth
2003	Fatma Abdelkhalek	*Après la pluie, une odeur est toujours là*	
	Hanène Katouâ	*Quand parle le silence*	Djedda
	Souad As-saïd	*Ils fuient les rayons de la bibliothèque*	Librairie « Al-Adâb ». Le Caire
	Maha Al-Faïçal	*Touba et Salyé*	Organisation Arabe des Études. Beyrouth
	Maha Al-Faïçal	*Safina et la princesse des ombres*	Organisation Arabe des Études. Beyrouth
	Nada Abu-Ali	*Des trompettes en papier*	Organisation Arabe des Études. Beyrouth
2004	Alâ Al-Hadhloul	*Suicide sur commande*	As-Saki. Beyrouth
	Al-Mouhajirâ	*Un amour dans la prison de la dignité*	Al-Masriyâ/ As-Saoudia. Le Caire
	Amal Al-Farâne	*Son âme tatouée par lui*	Circonscription de la culture et de l'Information. Chardja
	Badria Abderrahmane	*Les villes de cendres*	Al-Obeïkane. Riyad
	Zeineb Hafni	*J'ai séché mes larmes*	As-Saki. Beyrouth
	Hager Al-Mekki	*Autre... et autre*	Centre Culturel Arabe. Beyrouth

2005	Amira Al-Madhhi	*Le soleil de l'amour s'est éclipsé*	Al-Kifah. Dammam
	Hasna Al-Qarni	*Une mémoire sans voile*	Al-Mofradât. Riyad
	Raja'a As-Sanâ	*Les filles de Riyad*	As-Saki. Beyrouth
	Raja'a Alem	*Décence*	Centre Culturel Arabe. Beyrouth
	Tayf Al-Hallaj	*L'hymen sacré*	Laylâ. Al-Manama
	Alia Ach-Chamane	*Défis*	Club Littéraire. Tobouk
	Koumacha Al-Alayène	*Des yeux immondes*	Organisation Arabe des Études. Beyrouth
	Hind Baghfar	*La ville clémente*	
2006	Ibtissem Arfi	*Vers où ?*	Al-Kifah. Dammam
	Ibtissem Arfi	*Promesse*	Al-Kifah. Dammam
	Iftikhar Al Dahnim	*Des larmes de la destinée*	
	Amal Chatta	*Un homme d'un autre temps*	À compte d'auteur. Djedda
	Oumaïma Al-Khamis	*Les Marines*	Al-Madâ. Damas
	Badria Al-Bichr	*Hind et les soldats*	Al-Adâb. Beyrouth
	Zeïneb Hafni	*Profils*	As-Saki. Beyrouth
	Sarra Al-Alioui	*Saoudiennes*	Faradis. Bahreïn
	Souad Jabeur	*Un silence écrit par l'absence*	Al-Masriyâ/ As-Saoudia. Le Caire
	Sana Saïd	*Un météore a déchiré le voile de la nuit*	Al-Kifah. Dammam
	Saba Al-Hirz	*Les Autres*	As-Saki. Beyrouth
	Faïza Ibrahim	*Des filles de Riyad*	Al-Hamidhi. Riyad
	Latifa Az-Zahir	*Pleurs des hommes*	À compte d'auteur. Riyad
	Leïla Aj-Jhanni	*Jahiliyâ*	Al-Adâb. Beyrouth
	Mariem Al-Hassen	*La fille d'Ach-Charkiâ/ La déperdition*	Al-Kifâh. Dammam
	Mohra Al-Assimi	*Une tristesse sans fin*	Al-Madina/ Djedda
	Nabiha Mahjoub	*Entre deux aéroports*	Al-Masriyâ/ As-Saoudia/ Le Caire
	Nabiha Mahjoub	*La fuite du Zaïm*	Koubâ. Le Caire
	Nabiha Mahjoub	*L'axe du mal*	Al-Masriyâ/ As-Saoudia/ Le Caire
	Najet Ach-Cheikh	*Ce qui reste d'une femme*	Al-Kifah. Dammam

2006	Nada Al-Arifi	*Les lieux aux yeux de Joumana*	À compte d'auteur. Dammam
	Nesrine Ghandour	*Le troisième fleuve*	Al-Ahram. Le Caire
	Wafa Al-Amir	*Dans l'intensité des épines*	Al-Mofradat. Riyad
2007	Amal Houcine Al-Mtayer	*La danse sur des blessures*	À compte d'auteur, Le Caire
	Amira Al-Kahtani	*Discorde*	Al Alm-lil Malayin, Beyrouth
	Amira Al-Madhhi	*La maudite*	Al-Kifah, Dammam
	Batoul Mustapha	*Nappes de sang*	L'Organisation Arabe des Études, Beyrouth
	Bachaïr Mohamed	*Le prix du Chocolat*	Faradis, Bahreïn
	Bahia Bousbit	*L'homme : les secrets du temps*	Alem Al-Koutob, Riyad
	Rym Mohamed	*J'ai aimé sans voir mon bien-aimé*	Al-Kifah, Dammam
2007	Samar Al-Mogran	*Les femmes du péché*	As-Saki, Beyrouth
	Victoria Al-Hakim	*La résurrection du corps*	Al-Farabi, Beyrouth
	Mariem Al-Hassan	*Et les jours se sont illuminés*	Al-Kifah, Dammam
	Al Mouhajira	*Pour que le voile ne se perde pas*	Al-Kifah, Dammam
	Najiba As-Sayed Ali	*Un amoureux à La Mecque*	A-Safoua, Beyrouth
	Hanoun Ba Adhim	*La fille du siècle*	Al-Mofradât, Riyad
	Houda Al-Ali	*La femme : le corps si présent dans les moments difficiles*	Amman Centre Arabe des sources bibliographiques et des informations Amman.

BIBLIOGRAPHIE

I. LE CORPUS

ABU-NAJA (Chirine), *Le concept de* **« patrie »** *dans l'esprit de la femme écrivaine arabe*, Centre des Études de l'Union arabe, Beyrouth, 1994.

OMAR (Ezzet), *Orientations du discours narratif dans le roman émirati et arabe*, Département de la Culture et de l'Information, Chardja, 2003.

AJ-JHANNI (Leïla), *Le paradis désolé*, éd. Al-Jamal, Allemagne, 1999.

AL-ALAYÈNE (Koumacha), *Des yeux immondes,* Organisation Arabe des Études, Beyrouth, 2005.

AL-ALAYÈNE (Koumacha), *L'araignée,* Dammam-Khobar, Dar Al-Kifah, 4° éd., 2003.

AL-ALAYÈNE (Koumacha), *Maison de verre*, éd. Dar Al-Kifah, Dammam-Al-Khobar, T.4, 2004.

AL-ALAYÈNE (Koumacha), *Scrutant le ciel des yeux*, éd. Rached Bors, Beyrouth, 2000.

AL-BICHR (Badria), *Hind et les soldats,* Dar Al-Adâb, Beyrouth, 2006.

ALEM (Raja'a), *Hobba*, Centre Culturel arabe, Beyrouth, 2000.

ALEM (Raja'a), *Khâtem,* Centre Culturel arabe, Beyrouth, 2001.

ALEM (Raja'a), *L'âtre des oiseaux*, Centre Culturel arabe, Beyrouth, 2002.

ALEM (Raja'a), *La route de la soie,* Centre Culturel arabe, Beyrouth, 1995.

ALEM (Raja'a), *Sidi Wahdana,* Centre Culturel arabe, Beyrouth, 1998.

ALEM (Raja'a), *Voyage nocturne, ô veilleur !* Centre Culturel arabe, Beyrouth, 1997.

AL-FAIÇAL (Maha), *Safina et la princesse des ombres*, Organisation Arabe des Études, Beyrouth, 2003.

AL-FAIÇAL (Maha), *Touba et Salyé*, éd. Organisation arabe des Études, Beyrouth, 2003.

AL-GHAMDI (Noura), *La direction de la boussole*, Organisation Arabe des Études, Beyrouth, 2002.

AL-HADHLOUL (Alâ), *Suicide sur commande,* éd. As-Saki, Beyrouth, 2004.

AL-HIRZ (Saba), *Les Autres*, éd. As-Saki, 2006.

AL-MASLOUL (Dhafra), *Je n'ai plus peur,* éd. Annakhil, Riyad, 1990.

AS-SANÂ (Raja'a), *Les filles de Riyad*, éd. As-Saki, Beyrouth, 2005.

BOUSBIT (Bahia), *Une femme au-dessus du cratère d'un volcan*, éd. Alem Al-Koutob, Riyad, 1996.

DAMANHOURI (Salwa), *La malédiction,* imp. Assafâa, la Mecque, 1994.

HAFNI (Zeïneb), *J'ai séché mes larmes*, éd. As-Saki, Beyrouth, 2003.

KATOUÂ (Hanène), *Quand parle le silence*, éd. Dar Al-Ilm, Djedda, 2003.

MEKKI (Hager), *Autre… et autre,* Centre Culturel arabe, Beyrouth, 2005.

II. RÉFÉRENCES ARABES

ADH-DHAHER (Ridha). *La chambre de Vinrginia Wolf. Étude sur l'écriture des femmes*, Éd. Dar Al Madar, Damas, 2001. AL-ADOUANI (Moâjab), *Formation de l'espace et ombres des seuils*, Club Littéraire de Djeddah, 2002.

ADH-DHAMEN (Samaher), *Femmes sans mères Le sujet féminin dans le roman féminin saoudien*, éd. Al-Intichar Al-Arabi, Beyrouth/Club Littéraire de Hael, Arabie Saoudite, 2010.

AL-GHADHÂMI (Abdallah), *La femme et la langue,* éd. Centre culturel arabe, Beyrouth, 1996.

AL-HAZMI (Hassen Hijeb), *Le héros dans le roman saoudien,* Club littéraire de Jazen, 2000.

AL-HAZMI (Mansour), *L'art de la nouvelle dans la littérature saoudienne moderne*, éd. Dar Al-Ouloum, Riyad, 1981, p. 56.

AL-OUHIBI (Fatma), *L'espace, le corps et le poème La confrontation et les manifestations du sujet.* Éd. Centre Culturel Arabe, Casablanca/ Beyrouth 2005.

AT-TÂLAI'I (Rafia'â). *L'amour, le corps et la liberté dans le texte romanesque féminin*, éd. Al-Intichar Al-Arabi, Beyrouth, 2005.

CHEIKH AMINE (Bekri), *Le mouvement littéraire en Arabie saoudite*, Dar Sader, Beyrouth, 1972.

BERIOUN (Faouzia), *« À propos de la nouvelle féminine dans la littérature saoudienne »*, in Actes du 2ème Congrès des écrivains saoudiens, Université Om Al-Qora, la Mecque, 1999, p. 301.

JERAÏDI (Sami), *Le Roman féminin saoudien Discours de la femme et configuration du récit*, éd. Al-Intichar Al-Arabi, Beyrouth 2008 pour la première édition et 2012 pour la deuxième édition.

LAHMIDANI (Hamid). *L'écriture de la femme : du monologue au dialogue*, éd. Maison Mondiale du Livre, Casablanca, 1993.

CHAÂBANE (Boutheina). *Cent ans de roman féminin arabe*, éd. Dar Al-Adâb, Beyrouth, 1999.

MOHAMMED JAMEL (Ahmed), *L'instruction des filles entre les aspects du présent et les risques du futur.* Club Littéraire de Taïf, 1988

SALEH (Salah), *Les questions de l'espace romanesque*, éd. Charkiet, Le Caire, 1997.

III. RÉFÉRENCES ÉTRANGÈRES

BARTHES (Roland). *Fragments d'un discours amoureux*, éd. Seuil, Coll. « Tel Quel », Paris 1977.

MILTON (John), *Le Paradis perdu*, Trad. par François René de Chateaubriand, Éditeur scientifique : Robert Ellrodt, éd. Gallimard 1995.

T.S. (Eliot), *La Terre désolée* éd. Seuil, première édition 1947, deuxième édition 2006, édition bilingue.

JANKÉLÉVITCH (Vladimir), *La musique et l'ineffable*, éd. Seuil, Paris, 1983

TABLE DES MATIÈRES

Critique et études littéraires
aux éditions L'Harmattan

Dernières parutions

L'EAU ET LA TERRE DANS L'UNIVERS ROMANESQUE DE CLAUDE SIMON
L'obsession élémentaire
Kotowska Joanna
La fascination humaine pour les quatre éléments de la nature remonte aux temps des premières intuitions scientifiques. Claude Simon, un «alchimiste des mots» contemporain, nous propose un regard original sur deux puissances élémentaires qui structurent son univers romanesque : l'aquatique et le tellurique. Ce jeu incessant entre l'existence et le néant substantiel invite le lecteur à (re)découvrir le potentiel émotionnel émanant de l'eau et de la terre chez Claude Simon.
(Coll. Espaces Littéraires, 25.50 euros, 256 p.)
ISBN : 978-2-343-13075-0, ISBN EBOOK : 978-2-14-005253-8

LES ÉCRITURES DE LA FAIM
Éléments pour une ontologie de la faim
Lucereau Jérôme
Comment aborder les problématiques de la faim dans les littératures ? L'auteur cerne de façon synthétique les principales topiques de la faim, puis il différencie et définit les concepts de faim et d'affamé. Enfin il s'efforce d'élaborer un mythe de la faim en puisant les mythes fondateurs sans éviter les assises dogmatiques et religieuses (de la faim et du jeûne) et les problématiques pathologiques (anorexie/boulimie), ni le rapport au Pouvoir. Une ontologie de la faim pourrait modifier considérablement le paradigme contemporain de la faim dans le monde.
(Coll. Critiques Littéraires, 35.00 euros, 404 p.)
ISBN : 978-2-343-13373-7, ISBN EBOOK : 978-2-14-005397-9

ÉTUDES SUR LE THÉÂTRE D'A. CÉSAIRE, A. CAMUS ET B. ZADI ZAOUROU
Soro Aboudou N'golo
Ce livre décrypte les théâtres d'Albert Camus, d'Aimé Césaire et de Bernard Zadi Zaourou en révélant les effets tragiques en relation avec les implications sociales. Le premier axe de recherche montre comment l'espace dramatique dans *Une tempête* d'Aimé Césaire traduit les tensions sociales qu'il y représente. Le second axe de réflexion porte sur le personnage dramatique chez Albert Camus et Bernard Zadi Zaourou.
(Coll. Harmattan Côte-d'Ivoire, 16.50 euros, 154 p.)
ISBN : 978-2-343-13230-3, ISBN EBOOK : 978-2-14-005269-9

COMMUNICATIONS ET ANALYSE DES RELATIONS INTERPERSONNELLES DE LA FEMME DANS LE ROMAN AFRICAIN FRANCOPHONE

Mfoumou Marie Zoé

Cet ouvrage prend appui sur une sélection d'une vingtaine de romans africains francophones écrits entre 1881 et 2003. De leur analyse émergent deux figures de la femme africaine : celle qui sait communiquer et qui entretient des relations harmonieuses avec son entourage - assimilée à une «bonne» femme - et celle rejetée, considérée comme une «mauvaise» femme et avec qui les relations sont antagoniques. Il passe également en revue les critères d'appréciation de la femme en Afrique, au fur et à mesure de la modernisation de ce continent.

(Coll. Logiques sociales, 27.00 euros, 258 p.)

ISBN : 978-2-343-13138-2, ISBN EBOOK : 978-2-14-005400-6

LES PALIKARES GRECS ET LEURS AVATARS

Breuillot Martine, Debaisieux Renée-Paule, Terrades Marc

Ce sont ces figures grecques du palikare que présente cet ouvrage : d'abord le klephte (ce bandit des grands chemins), ayant pris les traits d'un vaillant guerrier, encensé par les écrivains, ensuite le personnage plein de bravoure, pour terminer sur la figure parodique du palikare-polisson, qui ne rappelle plus que de loin ses ancêtres glorieux. La gloire se transporte du côté des pitreries et du jeu, un jeu qui garde toutefois, en arrière-plan, la notion de défense de la patrie.

(Coll. Études grecques, 14.00 euros, 120 p.)

ISBN : 978-2-343-13544-1, ISBN EBOOK : 978-2-14-005344-3

PROCESSUS DE LA CATÉGORISATION EN LINGUISTIQUE

Nishimura Takuya - Préface de Frank Alvarez-Pereyre

Les sept textes de cet ouvrage présentent quelques réflexions sur la question de la catégorisation linguistique. Il s'agit d'études sur l'état d'un élément qui n'a pas d'appartenance absolue à une catégorie donnée ; cette ambiguïté de relation entre un élément et sa catégorie se situe sur des processus de la catégorisation. Dans ce cadre, on analyse des faits représentatifs de plusieurs langues telles que le japonais, le turc, le vietnamien, le hongrois, l'aïnou, le pomo, etc., sans oublier le français.

(Coll. Langue et parole - Recherches en Sc. du Langage, 23.50 euros, 232 p.)

ISBN : 978-2-343-12943-3, ISBN EBOOK : 978-2-14-005343-6

SOCIOLINGUISTIQUE URBAINE, SOCIOLINGUISTIQUE D'INTERVENTION : APPORTS ET INNOVATIONS

Hommage scientifique à Thierry Bulot

Dirigé par Gudrun Ledegen

À la suite de la Journée d'hommage scientifique à Thierry Bulot, ses collègues et étudiants présentent ici différentes facettes de ses recherches en sociolinguistique urbaine et prioritaire, en éclairant les enjeux et apports de cette nouvelle école sociolinguistique, son inscription sur les terrains africain, algérien, vietnamien, guernesiais, marocain, ainsi qu'avec la méthodologie de la documentarisation. Tou.te.s viennent exemplifier cette approche fructueuse et toujours engagée.

(Coll. Espaces discursifs, 20.00 euros, 188 p.)

ISBN : 978-2-343-13485-7, ISBN EBOOK : 978-2-14-005309-2

L'ÉSOTÉRISME D'EDGAR POE
Joguin Odile
Tardivement reconnu par la critique de son pays qui l'a vilipendé au lendemain de sa mort, épris de Beauté et d'Unité, Poe s'est interrogé passionnément sur les mystères de l'univers et de l'au-delà. Lui, dont la visée artistique était «l'ordre métaphysique», s'est en particulier tourné vers le réservoir d'images et de symboles que lui ont offert les différents ésotérismes (franc-maçonnerie, arcanes du Tarot, alchimie, arithmosophie...). L'étude est consacrée à explorer cette piste encore peu empruntée.
(32.00 euros, 322 p.)
ISBN : 978-2-343-13385-0, ISBN EBOOK : 978-2-14-005137-1

LE DÉCHIFFREMENT DU MONDE
La gnose poétique d'Ernst Jünger
D'Algange Luc-Olivier
L'œuvre d'Ernst Jünger ne se réduit pas à ses récits et journaux de guerre. C'est une méditation originale sur le Temps, les dieux, les songes et symboles. Elle mène de l'art de l'interprétation au rapport des hommes au végétal et à la pierre, elle est aussi une rébellion contre l'uniformisation, incarnée dans la liberté supérieure de l'Anarque envers tous les totalitarismes. Cet ouvrage qui met en regard la pensée de Jünger et celles de ses maîtres, de Novalis à Heidegger, entend rendre compte de son dessein poétique et gnostique. Il donne à voir le monde visible comme l'empreinte d'un sceau invisible.
(Coll. Théôria, 18.00 euros, 166 p.)
ISBN : 978-2-343-13346-1, ISBN EBOOK : 978-2-14-005021-3

QUEL OISEAU-MOUCHE TE PIQUE ?
L'éclosion d'une compagnie théâtrale atypique
Hervez-Luc - Préface de Laure Adler
Voici le récit de l'itinéraire atypique de Luc Vandewèghe dit Hervez-Luc. Histoire d'une vie qui aboutit à la création d'une compagnie théâtrale non moins singulière *Quel oiseau-mouche te pique ?* Dans un langage teinté de poésie, Hervez-Luc retrace les étapes de sa vie depuis son enfance jusqu'aux premiers pas professionnels de la compagnie théâtrale qui a pignon sur rue aujourd'hui à Roubaix et qui sillonne la France entière et de nombreux pays à l'étranger.
(14.00 euros, 126 p.)
ISBN : 978-2-343-13190-0, ISBN EBOOK : 978-2-14-004979-8

LES REDONDANCES PRÉDICATIVES EN FRANÇAIS PARLÉ
Depoux Philippe
Français parlé, redondance, prédication, télévision : quels liens unissent ces termes qui semblent avoir bien peu de propriétés en commun ? En mettant en relation milieux sociaux, époques d'enregistrement et types de reformulation, cet ouvrage tente d'expliquer l'usage préférentiel de tel ou tel type de redondance par telle ou telle catégorie de locuteurs.
(Coll. Langue et parole - Recherches en Sciences du Langage, 30.00 euros, 292 p.)
ISBN : 978-2-343-13301-0, ISBN EBOOK : 978-2-14-005188-3

ANDRÉ MALRAUX OU LES MÉTAMORPHOSES DE SATURNE
Lantonnet Évelyne - Préface de Brian Thompson
Peu d'études critiques ont accordé une place au mythe dans la pensée de Malraux. Autodidacte, ce dernier est allé au-devant de la culture ; il n'a pas été formé par l'institution. D'Antigone à Prométhée, quelques figures fascinent Malraux. Cependant, Saturne est la seule instance mythique, qui domine tout un livre. Saturne : un mythe personnel ? Il interpelle d'abord Malraux en tant que penseur. Celui-ci voit en ce monstre dévorateur une parabole de la condition humaine. Mais Saturne l'interroge aussi en tant qu'esthéticien. Il semblerait que Malraux ait inventé les métamorphoses de Saturne.
(Coll. Espaces Littéraires, 30.00 euros, 290 p.)
ISBN : 978-2-343-13112-2, ISBN EBOOK : 978-2-14-005078-7

INITIATION À LA LINGUISTIQUE DIACHRONIQUE DE LA LANGUE FRANÇAISE
Diedhiou Fidèle
Cet ouvrage poursuit un double objectif, à la fois théorique et pratique. Il présente pour chaque chapitre une définition des notions essentielles, avec éventuellement des remarques complémentaires. Sur le plan pratique, il fournit pour chaque cas étudié une fiche retraçant l'histoire phonétique de mots-types du latin au français moderne. Il comprend 15 chapitres permettant de replacer chaque phénomène dans le cadre de son évolution complète, accompagnés de nombreux exercices d'application.
(Harmattan Sénégal, 21.50 euros, 219 p.)
ISBN : 978-2-343-12898-6, ISBN EBOOK : 978-2-14-005084-8

PAROLES, PAROLES ! POUR QUOI PARLONS-NOUS ?
Essai
Bourse Michel
Qu'est-ce qui est mis en œuvre dans l'acte de parler ? Dans la parole adressée à autrui se joue en fait une relation spécifique, au travers de laquelle tout individu se structure. Celle-ci devient alors l'instrument essentiel d'une intersubjectivité possible, c'est-à-dire d'une relation créatrice qui nous constitue comme sujet dans notre relation à l'autre. Parler aurait donc une fonction véritablement politique : s'y joue en définitive le rapport de chacun d'entre nous au monde.
(Coll. Langue et parole - Recherches en Sciences du Langage, 27.00 euros, 262 p.)
ISBN : 978-2-343-13219-8, ISBN EBOOK : 978-2-14-004955-2

L'HARMATTAN ITALIA
Via Degli Artisti 15; 10124 Torino
harmattan.italia@gmail.com

L'HARMATTAN HONGRIE
Könyvesbolt ; Kossuth L. u. 14-16
1053 Budapest

L'HARMATTAN KINSHASA
185, avenue Nyangwe
Commune de Lingwala
Kinshasa, R.D. Congo
(00243) 998697603 ou (00243) 999229662

L'HARMATTAN CONGO
67, av. E. P. Lumumba
Bât. – Congo Pharmacie (Bib. Nat.)
BP2874 Brazzaville
harmattan.congo@yahoo.fr

L'HARMATTAN GUINÉE
Almamya Rue KA 028, en face
du restaurant Le Cèdre
OKB agency BP 3470 Conakry
(00224) 657 20 85 08 / 664 28 91 96
harmattanguinee@yahoo.fr

L'HARMATTAN MALI
Rue 73, Porte 536, Niamakoro,
Cité Unicef, Bamako
Tél. 00 (223) 20205724 / +(223) 76378082
poudiougopaul@yahoo.fr
pp.harmattan@gmail.com

L'HARMATTAN CAMEROUN
TSINGA/FECAFOOT
BP 11486 Yaoundé
699198028/675441949
harmattancam@yahoo.com

L'HARMATTAN CÔTE D'IVOIRE
Résidence Karl / cité des arts
Abidjan-Cocody 03 BP 1588 Abidjan 03
(00225) 05 77 87 31
etien_nda@yahoo.fr

L'HARMATTAN BURKINA
Penou Achille Some
Ouagadougou
(+226) 70 26 88 27

L'HARMATTAN SÉNÉGAL
10 VDN en face Mermoz, après le pont de Fann
BP 45034 Dakar Fann
33 825 98 58 / 33 860 9858
senharmattan@gmail.com / senlibraire@gmail.com
www.harmattansenegal.com

Achevé d'imprimer par Corlet Numérique - 14110 Condé-sur-Noireau
N° d'Imprimeur : 146038 - Dépôt légal : mars 2018 - *Imprimé en France*

www.ingramcontent.com/pod-product-compliance
Lightning Source LLC
LaVergne TN
LVHW010612110826
845149LV00003B/883

* 9 7 8 2 3 4 3 1 4 2 5 9 3 *